DIAN SCHEFOLD

Zweifel des erkennenden Gerichts

Studien und Gutachten aus dem Institut für Staatslehre
Staats- und Verwaltungsrecht der Freien Universität Berlin

Heft 6

Zweifel des erkennenden Gerichts

Beiträge zur richterlichen Grundsatzvorlage, zur Völkerrechtsverifikation
und zur Altrechtsqualifikation durch das Bundesverfassungsgericht,
sowie zur Vorabentscheidung im Europarecht

Von

Prof. Dr. Dian Schefold

DUNCKER & HUMBLOT / BERLIN

Alle Rechte vorbehalten
© 1971 Duncker & Humblot, Berlin 41
Gedruckt 1971 bei Buchdruckerei Bruno Luck, Berlin 65
Printed in Germany
ISBN 3 428 02412 5

Vorwort

Die Studie geht auf den Vortrag zurück, den ich im Rahmen meines Habilitationsverfahrens am 6. Februar 1970 vor der Juristischen Fakultät (Fachbereich Rechtswissenschaft) der Freien Universität Berlin gehalten habe. Der Vortrag ist erweitert und nach dem Stand vom 1. Oktober 1970 überarbeitet. Einige neueste Entscheidungen, vor allem der bedeutsame Beschluß des Bundesverfassungsgerichts vom 13. 10. 1970 (2 BvR 618/68, NJW 1970, 2155) zur Vorlagepflicht nach Art. 177 III EWGV, konnten noch nachgetragen werden.

Wie mannigfachen Dank ich meinen verehrten Lehrern und Kollegen, gerade auch an der Freien Universität Berlin schulde, mögen die Nachweise erkennen lassen, freilich nur unvollkommen. Den Dank für vielfache Anleitung, Förderung und Kritik auch hier auszusprechen, ist mir daher ein herzliches Bedürfnis.

Berlin, den 31. Dezember 1970

Dian Schefold

Inhalt

Einleitung 9

I. Entwicklung und Erscheinungsformen der Zweifelsvorlagen 10
   1. Bis zum GVG 10
   2. Rechtsentscheid im Mieterschutzrecht 11
   3. Grundsatzvorlage im Auslieferungsrecht 12
   4. Grundsatzvorlage beim Reichsgericht 13
   5. Erweiterung nach 1949 14
   6. Zweifelsvorlagen in der Verfassungsgerichtsbarkeit 16
   7. Vorlage zur Vorabentscheidung im Europarecht 17

II. Abgrenzung der Zweifelsvorlagen 19
   1. von der Divergenz- und der Normenkontrollvorlage 19
   2. von der Zulassung der Grundsatzrevision 20
   3. von der Aussetzung wegen eines anderen Rechtsstreits 21

III. Funktion und Wirkungen der Zweifelsvorlagen 25
   1. Entscheidung des Einzelfalls 25
      a) (Positive) Bindungswirkung der Entscheidung 25
      b) Entscheidungserheblichkeit der Zweifelsvorlage als Korrelat .. 26
        ba) Grundsatz 26
        bb) Abweichungen im Europarecht und im Auslieferungsrecht 28
   2. (Negative) Bindungswirkung über den Fall hinaus 30
      a) Verfassungsgerichtliche Vorlageverfahren (§ 31 BVerfGG) 31
      b) Verpflichtung zur Divergenzvorlage 33
        ba) nach Grundsatzvorlage an die Großen Senate 33
        bb) auch für Untergerichte (§ 27 DAG, § 47 MSchG, Art. III
           3. MietRÄndG) 34
        bc) im Europarecht 36
      c) Keine Bindungswirkung (§ 18 IV WBO) 37

IV. Inhalt und Voraussetzungen der Zweifel 39
   1. Grundsatzvorlage an die Großen Senate und nach § 18 IV WBO .. 39
      a) Voraussetzungen 39

aa) Grundsätzliche Bedeutung der Rechtsfrage	39
ab) Erforderlichkeit zur Fortbildung des Rechts oder zur Sicherung einer einheitlichen Rechtsprechung	40
ac) Ermessen	41
b) Vereinbarkeit mit Art. 101 I 2 GG?	41
ba) Mangelnde Bestimmtheit der Entscheidungszuständigkeit	42
bb) Verfassungskonforme Auslegung kaum möglich	43
bc) Keine Ermessensbindung durch den Zweck	44
c) Ergebnis: Verfassungswidrigkeit	45
ca) Vorlagen nur unter gesetzlich bestimmten Voraussetzungen	45
cb) Grundsatzvorlage auch praktisch entbehrlich und problematisch	45
2. Grundsatzvorlage nach § 27 DAG	48
a) Keine Ermessensfreiheit des OLG	48
b) Antragsrecht der Staatsanwaltschaft	48
3. Grundsatzvorlage im Mieterschutzrecht	50
4. Zweifel im Sinn von Art. 100 II GG, § 86 II BVerfGG	52
a) Grundsätzliche Überprüfbarkeit für das BVerfG	52
b) „Streitig" i. S. von § 86 II BVerfGG	54
c) Zweifel i. S. von Art. 100 II GG	56
ca) „Subjektive" und „objektive" Zweifel	56
cb) Grundsatz-, nicht Divergenzvorlage	57
cc) Zweifel als *non liquet* in der (Völker-)Rechtsfrage	58
cd) Keine Rechtsschutzlücke durch Ausschluß der auf Art. 101 I 2 GG gestützten Verfassungsbeschwerde	59
5. Vorlage zur Vorabentscheidung im Europarecht	61
a) Infragestellung nach Art. 177 III EWGV / 150 III EAGV, Art. 41 EGKSV	61
aa) Einschränkung durch *acte-clair*-Doktrin	62
ab) Zweifel des Gerichts entscheidend	63
b) Bloßes Vorlagerecht nach Art. 177 II EWGV	64
V. Ergebnisse	66
VI. Thesen	68

Einleitung

Die rechtsprechende Gewalt, die durch Art. 92 GG den Richtern anvertraut wird, soll Verbindlichkeit, Rechtsgewißheit, Rechtskraft schaffen. Hauptaufgabe des Prozeßrechts ist, solche Rechtsgewißheit zu ermöglichen, Zweifel zu zerstreuen. Dem dienen im Bereich der Sachverhaltsfeststellung, der Tatfrage, besondere Regeln zur Behebung von Zweifeln: im Zweifel Halbteilung in älteren Prozeßformen; im Zweifel für den Angeklagten im Strafprozeß; im Zweifel Auferlegung subjektiver Beweislast im Zivilprozeß, objektive Beweislastregeln im Verwaltungsprozeß. Nicht davon soll im folgenden die Rede sein, sondern von einigen der seltener im Zusammenhang erörterten[1] Zweifel des Richters bei der Rechtsauslegung und Rechtsanwendung sowie ihren gerichtsverfassungs- und gerichtsverfahrensrechtlichen Konsequenzen.

Diese Fragestellung lenkt den Blick auf Vorlageverfahren aus den verschiedensten Rechtsgebieten. Manche dieser Verfahren — die Grundsatzvorlagen — beruhen auf einer ziemlich einheitlichen gesetzgeberischen Konzeption. Am klarsten kommt sie in der Regelung der Grundsatzvorlage im 1935 neu gefaßten § 137 GVG zum Ausdruck. Sie ist zwar in einzelnen abweichenden Bestimmungen durch die unterschiedliche Entstehungszeit beeinflußt worden, hat aber zu im wesentlichen übereinstimmenden Vorschriften für die Vorlage der Senate aller obersten Gerichtshöfe des Bundes geführt. Demgegenüber haben die Regelungen der Verfassungsgerichtsbarkeit und des Europarechts mehrere, auch unter sich verschiedene Formen von Zweifelsvorlagen entwickelt.

Gemeinsam ist allen diesen Vorlagen, daß sich das erkennende Gericht in einer zweifelhaften Rechtsfrage der Entscheidung enthält und die Frage einem anderen Spruchkörper vorlegt. Dies dürfte eine vergleichende Untersuchung rechtfertigen. Sie hat zunächst die Fälle der Zweifelsvorlagen (I) von verwandten Erscheinungen abzugrenzen (II) und dann Funktion und Wirkung der auf die Vorlage ergehenden Entscheidungen zu untersuchen, wobei sich eine weitgehende Ähnlichkeit der Lösungen ergibt (III). Die Betrachtung von Inhalt und Voraussetzungen der Zweifel (IV) erweist große Unterschiede der Vorlagen, wirft aber auch das Problem der Vereinbarkeit mit der Garantie des gesetzlichen Richters auf und sucht damit die Grenzen abzustecken, die den Zweifelsvorlagen gezogen sind.

---

[1] Vgl. die Andeutung einer solchen Fragestellung bei *Stree* In dubio pro reo (1962), S. 2 Fn. 5.

I. Entwicklung und Erscheinungsformen der Zweifelsvorlagen

1. Bis zum Gerichtsverfassungsgesetz

Von Zweifeln des Richters bei der Auslegung und Anwendung des Rechts ging das Prozeßrecht der Antike[2], des Spätmittelalters und der frühen Neuzeit aus, wenn es die *Begutachtung von Rechtsfragen auf Antrag von Gerichten*, vor allem die Aktenversendung vorsah und damit die Rechtsfortbildung erleichterte, neuem Recht zum Durchbruch verhalf[3]. Noch der moderne Gesetzgebungsstaat löste sich zunächst nicht von diesem Mittel, sondern schrieb dem zweifelnden Richter Anfragen bei einer „Gesetzcommißion" (§ 47 f. Einl. ALR) oder beim Parlament vor[4]. Erst für den Liberalismus wurde es unabdingbares Postulat, die Verantwortung des Richters für die Entscheidung als Gegenstück zur richterlichen Unabhängigkeit fest zu lokalisieren, die Verschiebung richterlicher Zuständigkeit zu verbieten, die Unmittelbarkeit des Verfahrens zu gewährleisten[5]. Dem diente in Frankreich der berühmte Art. 4 des Code Civil[6], in Deutschland die unverrückbare Zuständigkeits- und Verfahrens-

---

[2] Dazu *Imboden* Bedeutung und Problematik juristischer Gutachten, in: Ius et Lex, Festgabe *M. Gutzwiller* (1959), S. 503 (504 ff.) m. w. Nachw. in Fn. 3.

[3] *Kern* Geschichte des Gerichtsverfassungsrechts (1954), S. 36 f., 41; *Wieacker* Privatrechtsgeschichte der Neuzeit (2. Aufl. 1967), S. 181 ff.; *Klugkist* JZ 1967, 155. Die Aktenversendung war, als Surrogat einer einheitlichen Rechtspflege, noch in Art. 12 IV der Deutschen Bundes-Akte v. 8. 6. 1815 vorgesehen; zu dieser Spätphase O. *Bülow* Das Ende des Aktenversendungsrechts, eine Gerichtsverfassungsfrage, AcP 65 (1882), S. 1 ff.

[4] Vgl. zur Entwicklung in Preußen *Kern* a.a.O. S. 45 f.; *Hanack* Der Ausgleich divergierender Entscheidungen in der oberen Gerichtsbarkeit (1962), S. 19 f.; *Wieacker* a.a.O. S. 329, 332; zur Entwicklung in Frankreich *(référé législatif)* F. *Gény* Méthode d'interprétation et sources en droit privé positif (2. Aufl. 1954), I S. 77 ff.; F. *Neumann* Demokratischer und autoritärer Staat (1967), S. 45 f.

[5] Vgl. die Darstellung *Bülows* AcP 65, 1 (5 ff.), der die Aktenversendung als Gerichtsverfassungsfrage und damit durch das GVG beseitigt erweist, insbes. S. 54: „Es würde dadurch nicht blos gegen die den Gerichten auferlegte *eigene Judikationspflicht* verstossen, sondern auch in die jetzt bestehende Gerichtsverfassung ein richterliches Organ eingefügt werden, dessen Anerkennung dem D.G.V.G. gänzlich fremd ist."

[6] "Le juge qui refusera de juger, sous prétexte du silence, de l'obscurité ou de l'insuffisance de la loi, pourra être poursuivi comme coupable de déni de justice." Dazu *Gény* a.a.O. I S. 98 ff. mit Hinweis auf *Portalis*.

regelung durch die Reichsjustizgesetze[7]. So kannte das Gerichtsverfassungsgesetz in seiner ursprünglichen Fassung[8] keinen Großen Senat, nur Entscheidungen der vereinigten Zivil- oder Strafsenate, und nicht über isolierte Rechtsfragen, sondern nur über den gesamten Fall[9], und nicht bei Grundsätzlichkeit, sondern nur bei Divergenz — also nicht bei Zweifeln des vorlegenden Senats, sondern nur wenn er der festen Rechtsüberzeugung war, daß und wie er abweichen wollte. Auch für das Preußische Oberverwaltungsgericht[10], die Gerichte der Freiwilligen Gerichtsbarkeit[11] und den Reichsfinanzhof[12] wurden in ähnlicher Weise Vorlageverfahren nur zum Ausgleich divergierender Entscheidungen, nicht zur Klärung weiterer grundsätzlicher oder zweifelhafter Fragen geschaffen.

2. Rechtsentscheid im Mieterschutzrecht

Eine andere Auffassung setzte sich zuerst in Verfahren auf der Grenze zwischen Rechtsprechung und Verwaltung durch. Im Recht zum Schutz

---

[7] Charakteristisch dafür außer den Zuständigkeitsnormen des GVG etwa die bis heute sachlich unverändert gebliebenen Bestimmungen über die Abgrenzung der örtlichen Zuständigkeit im Zweifelsfall, § 36 insb. Nr. 2 ZPO, §§ 14, 19 StPO; dazu *Bettermann* Die Unabhängigkeit der Gerichte und der gesetzliche Richter, in: Die Grundrechte Bd. III 2 (1959), S. 523 (567 f.), sowie jetzt BVerfGE 29, 45 ff.
[8] Vom 27. 1. 1877 (RGBl. S. 41), § 137; die „gesammten Materialien zum GVG", hg. von *Hahn* (1897), I S. 138 f. betonen, daß damit die erkennenden Senate eigenverantwortlich über die Fortbildung ihrer eigenen Rechtsprechung befinden dürfen; vgl. *Hanack* (zit. Fn. 4) S. 23 ff.
[9] Insofern mußte allerdings aus praktischen Gründen schon durch Gesetz vom 17. 3. 1886 (RGBl. S. 61) der Gegenstand der Vorlage auf die Rechtsfrage reduziert werden; zugleich ermöglichte dieses Gesetz Plenarentscheidungen zum Ausgleich von Divergenzen zwischen Zivil- und Strafsenaten. Vgl. *Hanack* a.a.O. S. 24 ff.; *Schultzenstein* Über die Einheit der Rechtsprechung, ZZP 18 (1893), S. 88 ff.
[10] § 29 des Gesetzes betr. die Verfassung der Verwaltungsgerichte und das Verwaltungsstreitverfahren v. 3. 7. 1875 (GS S. 375), ebenso i. d. F. v. 2. 8. 1880 (GS S. 328), entsprach § 137 GVG ursprünglicher Fassung; durch Gesetz v. 27. 5. 1888 (GS S. 226) wurde auch hier die Plenarentscheidung auf die Rechtsfrage beschränkt.
[11] § 28 FGG, der seit 1898 unverändert gilt. Ihm war schon 1897 § 79 GBO, ebenfalls bis heute unverändert, vorausgegangen, und folgt § 87 Schiffsregisterordnung, jetzt i. d. F. v. 26. 5. 1951 (BGBl. I S. 360). Weitere (obsolete) Fälle bei *Hanack* a.a.O. S. 39 Fn. 179; *Lauterjung* Die Einheit der Rechtsprechung innerhalb der höchsten Gerichte (1932), S. 18 ff.
[12] Gesetz über die Errichtung des RFH v. 26. 7. 1918 (RGBl. S. 959), § 20, der der ursprünglichen Fassung des § 137 GVG entsprach. Nach dem Gesetz über die Reichsfinanzverwaltung v. 10. 9. 1919 (RGBl. S. 1591), dem fast wortgleich § 46 RAO v. 13. 12. 1919 (RGBl. S. 1993) entsprach, kam es — anders als im sonstigen Recht vom GVG an, vgl. *Becker* RAO (6. Aufl 1928), zu § 46 Anm. 1 — nur darauf an, ob es sich um eine amtlich veröffentlichte Entscheidung handelte; von ihr durfte auch der *gleiche* Senat nicht abweichen (vgl. oben Fn. 8). § 66 RAO i. d. F. v. 22. 5. 1931 (RGBl. I S. 161), der bis zum Inkrafttreten der FGO galt, vollzog die Entwicklung des GVG insofern nach, als er nun den Senaten die Entwicklung ihrer eigenen Rechtsprechung freistellte und den Großen Senat ebenfalls auf die Entscheidung der Rechtsfrage beschränkte.

der Pächter und Mieter, das im 1. Weltkrieg von kommunalen Einigungsämtern durchgeführt wurde[13], erhielten ab 1921 die nun als zweite und letzte Instanz entscheidenden Landgerichte das Recht, außer bei Divergenzen auch in noch nicht geklärten Grundsatzfragen den *Rechtsentscheid* des Oberlandesgerichts einzuholen[14]. Während der Rechtsmittelzug für die Parteien somit auf zwei Instanzen beschränkt blieb, erleichterte der Gesetzgeber die einheitliche Fortbildung der Spruchpraxis. Diese Regelung ist heute noch im Mieterschutzgesetz[15] enthalten; sie wurde zum Zweck der einheitlichen Anwendung der neuen Sozialklausel 1967 in das Dritte Mietrechtänderungsgesetz[16] neu übernommen.

3. Grundsatzvorlage im Auslieferungsrecht

Ebenso ermöglichte das *Deutsche Auslieferungsgesetz* vom 23. Dezember 1929[17] dem über die Rechtmäßigkeit der Auslieferung entscheidenden Oberlandesgericht sowie der Staatsanwaltschaft, außer durch Divergenzvorlage auch durch *Grundsatzvorlage* das Reichsgericht, heute den Bundesgerichtshof zur Klärung einer zweifelhaften Rechtsfrage anzurufen. Es gewährte somit dem Auszuliefernden zwar präventiven und damit besonders effektiven Rechtsschutz[18], beschränkte diesen im Interesse der Beschleunigung aber auf eine Instanz und suchte durch die Vorlagemöglichkeit dennoch eine einheitliche Spruchpraxis zu sichern[19].

---

[13] Bekanntmachung betr. Einigungsämter v. 15. 12. 1914 (RGBl. S. 511); vgl. zum folgenden *Dräger* Die Rechtsbeschwerde gegen Entscheidungen des Mieteinigungsamtes (1964), insb. S. 19 f., 81 ff.

[14] Preußische Pachtschutzordnung v. 3. 7. 1920 (GS S. 363), 25. 1. 1921 (GS S. 125) und v. 23. 7. 1921 (GS S. 488), § 34, gestützt auf die (Reichs-)Pachtschutzordnung v. 9. 6. 1920 (RGBl. S. 1193); Anordnung für das Verfahren vor dem Mieteinigungsamt und der Beschwerdestelle i. d. F. v. 19. 9. 1923 (RGBl. I S. 889), § 24, die in Preußen durch eine Verordnung v. 22. 10. 1923 (GS S. 485), § 1, ausgeführt wurde.

[15] I. d. F. v. 15. 12. 1942 (RGBl. I S. 712), § 47, der irreführend auf die ganz andersartige (oben Fn. 11) Vorlage nach § 28 FGG verweist.

[16] Vom 21. 12. 1967 (BGBl. I S. 1248), Art. III; leider unterblieb die der Einfügung des sozialen Mietrechts in das BGB entsprechende Einfügung in die ZPO; vgl. zur Kritik der im Gesetzgebungsverfahren umstrittenen Regelung *Schmitt-Futterer* Der Rechtsentscheid über den Kündigungswiderspruch, NJW 1968, 919.

[17] RGBl. I S. 239, § 27.

[18] Zu diesem Leitgedanken des Auslieferungsgesetzes *Reisner* Die Voraussetzungen der Auslieferung und das Auslieferungsverfahren nach Erlaß des Auslieferungsgesetzes (1932), S. 15 f., 116; ferner die bei *Mettgenberg/Doerner* Deutsches Auslieferungsgesetz (2. Aufl. 1953), S. 15 ff. berichtete Vorgeschichte des Gesetzes, insb. die Bestrebungen *Ludwig von Bars*.

[19] Vgl. demgegenüber die Regelung im Gesetz über die innerdeutsche Rechts- und Amtshilfe v. 2. 5. 1953 (BGBl. I S. 161), §§ 3 ff.: ebenfalls eininstanzliche Zuständigkeit des OLG, aber nur in der Form repressiven Rechtsschutzes gegen die Genehmigung der Rechts- und Amtshilfe durch den Generalstaatsanwalt; keine Möglichkeit zur Einschaltung des BGH (was z. B. *Schäfer* in *Löwe/Rosenberg* StPO Bd. 2 [1965], zu § 8 RHilfeG Anm. 2 bedauert).

4. Grundsatzvorlage beim Reichsgericht

Diese Regelung ging Plänen des Reichsjustizministeriums zu einer allgemeinen Divergenz- und Grundsatzvorlage der Oberlandesgerichte als Revisionsgerichte in Strafsachen parallel[20]. Der Entwurf blieb im Reichstag stecken, beeinflußte aber die *Reichsgerichtsreform von 1935*[21]: Nun erst erhielt das Reichsgericht, insoweit wohl nach dem Vorbild des Reichsversicherungsamts[22] und des Reichsfinanzhofs[23], also den Gerichten, die zugleich Verwaltungsaufgaben zu erfüllen hatten[24], seine Großen Senate, die nicht mehr Gegenstand des *horror pleni*[25] sein sollten. Vor allem aber erhielten die erkennenden Senate sowie der Oberreichsanwalt das Recht, außer bei Abweichung auch in Grundsatzfragen, zum Zweck der „Fortbildung des Rechts oder (der) Sicherung einer einheitlichen Rechtsprechung", den Großen Senat anzurufen. Daß zugleich das Reichsgericht durch eine typisch nationalsozialistische Bestimmung von der Bindung an alle früheren Entscheidungen freigestellt wurde[26] und

---

[20] Entwurf eines Einführungsgesetzes zum Allgemeinen Deutschen Strafgesetzbuch und zum Strafvollzugsgesetz, RT-DrS IV/2070 v. 20. 5. 1930, Art. 68 Nr. 30, der neue §§ 122a - 122d GVG vorsah. Zur Vorgeschichte vgl. *Schwinge* Grundlagen des Revisionsrechts (2. Aufl. 1960), S. 210 ff.

[21] Gesetz zur Änderung von Vorschriften des Strafverfahrens und des Gerichtsverfassungsgesetzes v. 28. 6. 1935 (RGBl. I S. 844), Art. 3, das in § 131a GVG den Großen Senat vorsah sowie in §§ 136 - 138 GVG Divergenzvorlage, Grundsatzvorlage und Verfahren regelte.

[22] Für das durch § 87 des Unfallversicherungsgesetzes v. 6. 7. 1884 (RGBl. I S. 69) geschaffene Reichversicherungsamt sah erstmals das Gesetz betr. Abänderung der Unfallversicherungsgesetze v. 30. 6. 1900 (RGBl. S. 335) / 5. 7. 1900 (RGBl. S. 573), § 17, die Errichtung eines „erweiterten Senats" für die Entscheidung in Divergenzfällen vor; § 101 RVO schuf den Großen Senat, §§ 1717 - 1719 regelten den Divergenzausgleich innerhalb des Reichsversicherungsamts und mit den Landesversicherungsämtern; ähnlich für die Arbeitslosenversicherung § 182 I 1 AVAVG v. 16. 7. 1927 (RGBl. I S. 187).

[23] Für den erstmals das Gesetz über die Reichsfinanzverwaltung v. 10. 9. 1919 (oben Fn. 12), wohl nach dem Vorbild des § 101 RVO, einen Großen Senat schuf. Erst der Führererlaß über die Errichtung des Reichsverwaltungsgerichts v. 3. 4. 1941 (RGBl. I S. 201), § 6 (2), mit §§ 3 ff. der 1. DVO v. 29. 4. 1941 (RGBl. I S. 224), sah auch in der allgemeinen Verwaltungsgerichtsbarkeit einen Großen Senat (und die Grundsatzvorlage) vor.

[24] Nicht auszuschließen ist freilich, daß eine dieser Bestimmungen vom österreichischen Recht (dazu *Schultzenstein* ZZP 18 [1893], S. 88 [102 ff.]) beeinflußt war, das bei beabsichtigter Abweichung von im Spruchrepertorium eingetragenen Entscheidungen schon seit 1872 einen „verstärkten Senat" vorsah, was *Schultzenstein* a.a.O. S. 136 auch für das Reichsgericht empfahl.

[25] Dazu *Hanack* (zit. Fn. 4) S. 27 ff.; *Lauterjung* (Fn. 11) insb. S. 73 ff.; *Friedlaender* AöR 13 (1898), S. 132 ff.

[26] So der durch eine Präambel herausgehobene Art. 2 des in Anm. 21 erwähnten Gesetzes; der neue § 137 GVG sollte gemäß der amtlichen Begründung „der gesunden Fortbildung des im Volke wurzelnden Rechts" dienen, vgl. Die Strafrechtsnovellen v. 28. Juni 1935 und die amtl. Begründungen. Amtl. Sonderveröffentlichungen der Deutschen Justiz Nr. 10 (1935), S. 59; zum Kontext ferner *Hanack* a.a.O S. 32 ff.

daß die Gerichtsverfassungsnovelle gleichzeitig mit der bekannten Analogienovelle zum Strafgesetzbuch[27] erging, rückte freilich die längst vorgebildeten Normen in eine problematische Umgebung: Das Gesetz, das den Richter durch die Einführung der Grundsatzvorlage ermutigte, Auslegungszweifel zu devolvieren, ermutigte ihn zugleich, über Tatbestandszweifel im Strafrecht durch die unbeschränkte Wahlfeststellung[28] hinwegzukommen.

5. Erweiterung nach 1949

Vom Vorbild des Großen Senats beim Reichsgericht geprägte Vorschläge wurden auch im *Parlamentarischen Rat*[29] für die Ausgestaltung des obersten Bundesgerichts erwogen: Seine Zuständigkeit sollte zunächst durch Grundsatzvorlage der oberen Bundesgerichte[30] oder, nach dem weniger verbindlichen endgültigen Verfassungstext, „in Fällen, deren Entscheidung für die Einheitlichkeit der Rechtsprechung der oberen Bundesgerichte von grundsätzlicher Bedeutung ist"[31], begründet werden. Noch stärker ließ sich die folgende Gesetzgebung durch die Regelung der Grundsatzvorlage von 1935 prägen. Diese ging, nur ohne das Evokationsrecht des Oberreichsanwalts, in das Vereinheitlichungsgesetz von 1950 über, ohne daß längere Erörterungen stattfanden[32]. Von dort wurde sie fast wortgleich in die *Verfahrensordnungen für alle oberen Bundesgerichte*[33], in die *Wehrbeschwerde-* und in die *Wehrdisziplinarordnung*[34]

---

[27] Vom 28. 6. 1935 (RGBl. I S. 839), in der gleichen amtlichen Schrift behandelt.

[28] § 2b StGB, § 267b StPO i. d. F. der Novellen; vgl. *Heinitz* JZ 1952, 100.

[29] Vgl. die Zusammenfassung der Materialien in JöR 1 (1951), S. 690 ff.

[30] So insb. die Vorschläge *Zinns* JöR 1, 682, 694 f., 698, sowie Verhandlungen des Hauptausschusses des Parlamentarischen Rats (1948/49), 23. Sitzung v. 8. 12. 1948, S. 269 ff., wogegen *W. Strauss* ebenda und in seiner Denkschrift „Die oberste Bundesgerichtsbarkeit" (1949), S. 22 ff., das Prinzip der Grundsatzrevision zugrunde legen wollte. Die Frage wurde von der gerichtsverfassungsrechtlich wichtigeren, wenn auch nicht notwendig präjudiziellen Frage überschattet, ob das oberste Bundesgericht nur Ausgleichsinstanz für die oberen Bundesgerichte sein (wie es jetzt Art. 95 III GG i. d. F. des 16. ÄndG v. 18. 6. 1968 vorsieht) oder für die Rechtseinheit grundsätzlich bedeutsame Fälle entscheiden sollte.

[31] Art. 95 II GG a. F., der die Zuständigkeitsumschreibung im einzelnen damit dem einfachen Gesetzgeber überließ, JöR 1, 703 f., 706.

[32] Gesetz zur Wiederherstellung der Rechtseinheit auf dem Gebiete der Gerichtsverfassung, der bürgerlichen Rechtspflege, des Strafverfahrens und des Kostenrechts v. 12. 9. 1950 (BGBl. S. 455), Art. 1 I Nr. 52; die Materialien (insb. amtliche Begründung, Anlage zu BT-DrS I/530, S. 10) sagen zu dem Fragenkreis nichts.

[33] So für das BVerwG: G. v. 23. 9. 1952 (BGBl. I S. 625), § 47 II, jetzt § 11 IV VwGO; für das BAG: § 45 II 2 ArbGG; für das BSG: § 43 SGG; für den BFH verwies § 2 des G. v. 29. 6. 1950 (BGBl. S. 257) auf die vorbestehende Regelung

übernommen³⁵. Immerhin fällt auf, daß der Gesetzgeber bei den meisten externen Vorlagen, insbesondere der Oberlandesgerichte an den Bundesgerichtshof, dem Vorbild der Freiwilligen Gerichtsbarkeit folgte und ausschließlich die Divergenzvorlage vorsah³⁶, und daß er ebenso in der Verfassungsgerichtsbarkeit³⁷ und im Gesetz zur Wahrung der Einheitlichkeit der Rechtsprechung der obersten Gerichtshöfe des Bundes³⁸ auf die Grundsatzvorlage verzichtete.

---

des § 66 RAO (oben Fn. 12), die die Grundsatzvorlage noch nicht kannte; erst § 11 FGO führte sie ein. Für den BDH sah § 42 II BDO i. d. F. v. 28. 11. 1952 (BGBl. I S. 761), im wesentlichen entsprechend der ReichsdienststrafO v. 26. 1. 1937 (RGBl. I S. 71), einen eigenen Großen Disziplinarsenat vor, der auch für Grundsatzvorlagen zuständig war und sogar vom Bundesdisziplinaranwalt angerufen werden konnte (vgl. § 137 II GVG i. d. F. v. 1935); jetzt verweist § 55 I 2 BDO auf die VwGO und den Großen Senat des BVerwG. Zu den Unterschieden der Zusammensetzung der Großen Senate vgl. *Hanack* a.a.O. S. 35 f.; *Bettermann* Der gesetzliche Richter und das BVerfG, AöR 94 (1969), S. 263 (310 f.); des Verfahrens *Hanack* a.a.O. S. 36 f.; *H. W. Müller* Die Ausgestaltung des Großen Senats in der Verwaltungsgerichtsbarkeit, in: Staatsbürger und Staatsgewalt Bd. 2 (1963), S. 527 (545 ff.). Diese Fragen (mündliche Verhandlung?) haben nun durch die Anrufung des Gemeinsamen Senats durch den Großen Senat des BAG (Beschluß v. 19. 3. 1970, AP Nr. 1 zu § 45 ArbGG 1953) Aktualität erhalten.

³⁴ § 18 IV WBO v. 23. 12. 1956 (BGBl. I S. 1066) sieht eine Grundsatzvorlage des Truppendienstgerichts an den Wehrdienstsenat (früher des BDH, jetzt des BVerwG) vor; darauf verweist für das Verfahren der richterlichen Bestätigung von Arreststrafen der in die WDO i. d. F. v. 9. 6. 1961 (BGBl. I S. 697) eingefügte § 28 VI. — Eine ähnliche Grundsatzvorlage — allerdings zur Fallentscheidung — des als Revisionsgericht entscheidenden OLG an den BGH sah § 43 IV Baulandbeschaffungsgesetz v. 3. 8. 1953 (BGBl. I S. 720) vor; sie fiel mit dem BBauG dahin, da dieses in Enteignungssachen das OLG zum Berufungsgericht machte und den BGH als Revisionsgericht einschaltete, §§ 169, 170 BBauG.

³⁵ Nur in der Verwaltungsgerichtsbarkeit verlief die Entwicklung weniger geradlinig: Die MRVO 165 sah überhaupt keine Vorlagen, § 8 VGG und § 12 RhPf-VGG sahen nur die Divergenzvorlage (mit Bindung auch des erkennenden Senats an eigene Vorentscheidungen) an das Plenum vor; auch § 12 des Entwurfs einer Bundes-VwGO der Verwaltungsgerichtspräsidenten (Beilage zu DVBl. Heft 18/1951) wich noch von der Regelung des GVG ab.

³⁶ So außer in den oben Fn. 11 erwähnten Fällen insb. in § 29 I 2 EGGVG, ferner in den durch das Vereinheitlichungsgesetz 1950 eingefügten Fällen der §§ 120 III (durch die Eröffnung des zweiten Rechtszugs in Staatsschutz-Strafsachen durch Gesetz v. 8. 9. 1969, BGBl. I S. 1582, weggefallen und neu gefaßt), 121 II GVG, in denen allerdings der BGH in der Regel nur die Rechtsfrage, nicht den Fall entscheidet; dazu *Schäfer* in Löwe/Rosenberg StPO Bd. 2 (21. Aufl. 1965), zu § 121 GVG Anm. 29c; *Kleinknecht* StPO (29. Aufl. 1970), zu § 121 GVG Anm. 9.

³⁷ So schon Art. 100 III GG, in bemerkenswertem Gegensatz zu Art. 95 II urspr. Fassung (vgl. oben Fn. 30); entsprechend dann für die Wahrung der Einheitlichkeit der Rechtsprechung des BVerfG § 16 I BVerfGG.

³⁸ Vom 19. 6. 1968 (BGBl. I S. 661), § 2 I, ebenfalls im Gegensatz zu Art. 95 II GG a. F. Die Regierungsvorlage (BT-DrS V/1450) hatte dagegen selbst den Divergenzausgleich auf Grundsatzfragen beschränken wollen! Vgl. *Schefold* Zum deutschen Verwaltungsrechtsschutz (1969), S. 20 f.

6. Zweifelsvorlagen in der Verfassungsgerichtsbarkeit

Dagegen bildeten sich verfassungsgerichtliche Verfahrensarten heraus, bei denen es auf Zweifel hinsichtlich der Rechtsfrage im Ausgangsverfahren, die den Auslegungszweifeln bei der Grundsatzvorlage verwandt sind, ankommt. Dazu gehört zwar nicht die Normenkontrolle, bei der der Fallrichter sich von der Verfassungsmäßigkeit oder Verfassungswidrigkeit eines Gesetzes überzeugen, seine Zweifel überwinden muß und die Klärung nicht dem „Hüter der Verfassung" zuschieben darf[39]: Nur Verfassungsorgane dürfen wegen Gültigkeitszweifeln das Bundesverfassungsgericht anrufen, Art. 93 I Nr. 2 GG. Wollen Gerichte sie dazu veranlassen, müssen sie Recht als verfassungs- oder bundesrechtswidrig außer acht lassen[40]. Es gibt, trotz des mißverständlichen Sprachgebrauchs in Bayern und einer unklaren Bestimmung des Hessischen Staatsgerichtshofsgesetzes[41], in der Bundesrepublik nur die Richtervorlage, keine Richterklage[42], konsequenterweise auch nicht in Ausnutzung der verwaltungsgerichtlichen Normenkontrolle nach § 47 VwGO[43]. Wohl aber wurden in bestimmten Normklärungsverfahren, vielleicht unter dem Einfluß ähnlicher besatzungsrechtlicher Regelungen[44], Zweifel hinsicht-

---

[39] Das hat das BVerfG schon in seiner ersten eingehenden Entscheidung zu Art. 100 I GG, E. 1, 184 (189), klargestellt und in E. 2, 124 (129), 406 (411) verdeutlicht; weitere Konsequenzen aus dieser Funktionsbestimmung etwa BVerfGE 4, 331 (340); 16, 188 (189); 22, 373 (378); 25, 371 (386).

[40] So die (insoweit gewiß verfassungsmäßige) Nr. 2 des § 76 BVerfGG, die sich primär auf vorkonstitutionelles und nichtförmliches Recht bezieht, aber die Schaffung von Rechtsklarheit auch für den Fall ermöglicht, daß ein Gericht entgegen Art. 100 I GG das Verwerfungsmonopol des BVerfG mißachtet hat, vgl. *Babel* Probleme der abstrakten Normenkontrolle (1965), S. 73 m. Nachw.

[41] § 41 I HeStGHG v. 12. 12. 1947 (GVBl. S. 3; GVBl. II 14-1), der ausdrücklich ein Normenkontroll-Antragsrecht der Präsidenten der höchsten Gerichte vorsieht, soll nach HeStGH DöV 1959, 101 (102); *Zinn/Stein* Verfassung des Landes Hessen (1963 ff.), zu Art. 131 - 133 Anm. B II 4, nur zur Herbeiführung der staatsgerichtlichen Entscheidung auf den Aussetzungsbeschluß eines gerichtlichen Spruchkörpers hin ermächtigen (?).

[42] Zu diesem Begriff *Maunz* Deutsches Staatsrecht (17. Aufl. 1969), § 30 I 1 S. 272; *Schumann* in Ev. Staatslexikon (1966), Sp. 1882; vgl. BVerfGE 3, 354, 357.

[43] *Redeker/von Oertzen* VwGO (3. Aufl. 1969), zu § 47 Rdnr. 14; VGH Kassel MDR 1967, 333; ESVGH 12, 85 m. abl. Anm. von *Eyermann* DVBl. 1963, 401; wie dieser BayVGH n. F. 11, 94 und die ältere Kommentarliteratur.

[44] So die Anlage „Besondere Vorschriften für die Zeit der Besetzung" zur MRVO 165, VOBl. BrZ 1948, 263 (274), § 3 I: „Das Gericht hat einen Bescheid der Militärregierung nachzusuchen, wenn a) es im Zweifel über die Auslegung, Erheblichkeit oder die Rechtsfolgen einer der in § 2a) aufgeführten Rechtsvorschriften, Verwaltungsmaßnahmen oder sonstigen Anweisungen, Handlungen oder Unterlassungen (sc. des Kontrollrats oder der Militärregierung) ist oder einer der Beteiligten einen Bescheid darüber beantragt;..." Ähnlich, wenn auch enger, noch Art. 3 III 2 des Vertrages zur Regelung aus Krieg und Besatzung entstandener Fragen v. 26. 5. 1952 i. d. F. v. 30. 3. 1955 (BGBl. II S. 405). Dagegen sah das Gesetz Nr. 13 der Alliierten Hohen Kommission v. 25. 11. 1949 (AHK-ABl. S. 54), und ebenso das entsprechende Gesetz Nr. 7 der Alliierten

lich der Geltung oder Tragweite von Rechtsnormen für erheblich erklärt, deren Kenntnis vom Fallrichter nicht in gleicher Weise erwartet wird wie die des sonstigen Rechts. Daher ist nach *Art. 100 II GG* das erkennende Gericht bereits verpflichtet, die Entscheidung des Bundesverfassungsgerichts einzuholen, wenn „in einem Rechtsstreite zweifelhaft (ist), ob eine Regel des Völkerrechts Bestandteil des Bundesrechtes ist und ob sie unmittelbar Rechte und Pflichten für den einzelnen erzeugt". Entsprechend stellt § *86 II BVerfGG* im Wege einer sehr großzügigen Auslegung des Begriffs „Meinungsverschiedenheiten" in Art. 126 GG[45] für die Kompetenz des Bundesverfassungsgerichts zur Qualifikation vorkonstitutionellen Rechts innerhalb eines gerichtlichen Verfahrens darauf ab, ob die Geltung als Bundesrecht in dem Verfahren „streitig und erheblich" ist. Schließlich fügte das *Parteiengesetz* 1967 zu diesen verfassungsprozessualen Zweifelsvorlagen noch eine echte Grundsatzvorlage von Fragen hinzu, die sich Verwaltungsgerichten bei Streitigkeiten über die Vollstreckung eines bundesverfassungsgerichtlichen Parteiverbots stellen[45a].

7. Vorlage zur Vorabentscheidung im Europarecht

Zu einer ähnlichen Regelung führte im *Recht der Europäischen Gemeinschaften* das Bestreben, die Rechtseinheit gegenüber der Vielzahl der nationalen Gerichte und die selbständige Fortbildung des Europarechts gegenüber den geschlossenen einzelstaatlichen Rechtsordnungen zu sichern[46]. Daher verlieh zunächst Art. 41 des Montanvertrages[47] dem

---

Kommandantur Berlin v. 17. 3. 1950 (VOBl. I S. 89), in Art. 3 II 1 die Einholung eines Bescheids in jedem Fall vor, „wenn über das Bestehen, den Inhalt, die Rechtsgültigkeit oder den Zweck einer Anordnung der Besatzungsbehörden ... zu entscheiden ist", wohl um den Besatzungsbehörden zu ermöglichen, ihre Anordnungen (i. w. S.) anzupassen, so *Schmoller/Maier/Tobler* Handbuch des Besatzungsrechts I (1957), § 38 S. 32; einschränkend *F. Baur* DRZ 1950, 150 (151) und die Praxis, so AG Berlin Tiergarten NJW 1970, 1281 (1283) und 1283 (1285). Ähnlich noch Art. 8 Abs. 17 des Finanzvertrags i. d. F. v. 30. 3. 1955 (BGBl. II S. 381).

[45] So jetzt BVerfG JZ 1970, 411 (412) = NJW 1970, 1363 f., während in BVerfGE 4, 358 (368 f.) die Frage noch offen gelassen worden war. Vgl. dagegen die Bedenken *Wernickes* Bonner Kommentar, zu Art. 126 GG Anm. II 3 c, der die Regelung der Richtervorlagen in Art. 100 GG als abschließend betrachtet; ferner unten IV 4 b).

[45a] § 32 IV 2 PartG. Die Bestimmung geht auf den ersten Regierungsentwurf (BT-DrS III/1509, § 30 IV 2) von 1959 zurück, hat aber bisher weder literarische Beachtung noch praktische Bedeutung gefunden.

[46] Vgl. zu diesen rechtspolitischen Hintergründen und rechtsvergleichenden Parallelen *Tomuschat* Die gerichtliche Vorabentscheidung nach den Verträgen über die europäischen Gemeinschaften (1964), S. 7 ff.

[47] Vertrag über die Gründung der Europäischen Gemeinschaft für Kohle und Stahl (EGKS) v. 18. 4. 1951 (BGBl. 1952 II S. 447).

18   I. Entwicklung und Erscheinungsformen der Zweifelsvorlagen

Europäischen Gerichtshof ein Monopol zur *Vorabentscheidung* über die Gültigkeit von Beschlüssen der Hohen Behörde und des Rats auf Vorlage der nationalen Gerichte. Und zwar besteht die Vorlagepflicht nicht nur, wenn das nationale Gericht die Gültigkeitsfrage in bestimmtem Sinn entscheiden, etwa entsprechend Art. 100 I GG verneinen will, sondern schon wenn die Gültigkeit bei einem Streitfall in Frage gestellt wird. Die Römer Verträge[48] dehnen den Anwendungsbereich der Vorabentscheidung aus, indem sie außer Gültigkeitsfragen auch Auslegungsfragen zum Gegenstand machen, differenzieren aber bei den Vorlagevoraussetzungen: Tritt die Frage im Verfahren vor einem Gericht auf, „dessen Entscheidungen selbst nicht mehr mit Rechtsmitteln des innerstaatlichen Rechts angefochten werden können", so entsteht die Vorlagepflicht in jedem Fall, wie nach dem Montanvertrag[49]. Ein anderes Gericht dagegen „kann" vorlegen, wenn es die Vorabentscheidung des Europäischen Gerichtshofs „zum Erlaß seines Urteils für erforderlich" hält[50]. Hier verweist schon der Wortlaut auf die richterlichen Zweifel und zeigt die Ähnlichkeit mit der Grundsatzvorlage.

---

[48] Vertrag zur Gründung der Europäischen Wirtschaftsgemeinschaft (EWGV) v. 25. 3. 1957 (BGBl. II S. 766), Art. 177; Vertrag zur Gründung der Europäischen Atomgemeinschaft (Euratom) (EAGV) v. 25. 3. 1957 (BGBl. II S. 1014), Art. 150; die Bestimmungen sind (bis auf eine nicht einschlägige Differenz in Abs. 1 lit. c) wortgleich.
[49] Art. 177 III EWGV, Art. 150 III EAGV.
[50] Art. 177 II EWGV, Art. 150 II EAGV.

II. Abgrenzung der Zweifelsvorlagen

Allen diesen Vorlagefällen ist gemeinsam, daß der Richter, statt den Fall zu entscheiden, Zweifeln[51] Raum gibt. Daher wird die Entscheidungszuständigkeit zumindest hinsichtlich der zweifelhaften Rechtsfrage devolviert: Das erkennende Gericht enthält sich des Urteils in der Sache und holt die Entscheidung eines anderen Spruchkörpers ein. Diese *Verbindung des Verzichtes auf das Sachurteil* trotz an sich gegebener Zuständigkeit *mit einer Vorlage* hebt die hier erörterten Fälle *von verwandten Erscheinungen* ab.

1. Abgrenzung von der Divergenz- und der Normenkontrollvorlage

Abzugrenzen sind zunächst Vorlagen in Fällen, die der vorlegende *Richter in einem bestimmten Sinn* entscheiden will, bei denen er aber zur *Entscheidung* in diesem Sinn *nicht zuständig* ist: so weil ihm die Kompetenz zur Verwerfung förmlicher nachkonstitutioneller Gesetze oder zur Abweichung von einer Vorentscheidung fehlt. In beiden Fällen, bei der Vorlage zur konkreten Normenkontrolle nach Art. 100 I GG wie wegen Divergenz von einer höchstrichterlichen Entscheidung[52], überwindet das erkennende Gericht seine Zweifel und läßt erkennen, daß und wie

---

[51] Denkbar ist freilich auch, daß das erkennende Gericht umgekehrt eine Rechtsansicht besonders pointiert vertreten und sie deshalb durch die Entscheidung auf seine Grundsatzvorlage hin bestätigen und festlegen lassen möchte. Aber primär kann diese Funktion der Grundsatzvorlage nicht sein. Denn die anderen gleichgestellten Spruchkörper (z. B. die Senate eines obersten Gerichtshofs des Bundes) müssen wegen Divergenz schon vorlegen, wenn sie von der Entscheidung eines anderen Senats, nicht nur von der des Großen Senats abweichen wollen, sind also schon durch jene gebunden, unten III 2 ba); vgl. auch Fn. 196. Nur seiner eigenen künftigen Rechtsprechung gegenüber erreicht der vorlegende Spruchkörper durch die Entscheidung auf die Vorlage hin eine zusätzliche Bindung. Aber wenn er sich in einem bestimmten Sinn festlegen will, hat er keine Gewähr, daß die Entscheidung auf die Vorlage hin in diesem Sinn ausfällt: Die Vorlage dient primär der Klärung von Zweifeln, höchstens sekundär der Festlegung einer bestimmten Rechtsprechung.

[52] Vgl. außer den oben Fn. 8 - 12, 36 - 38 genannten Fällen insb. die in § 136 GVG, § 45 II 1 ArbGG, § 42 SGG, § 11 III VwGO, § 11 III FGO sowie in § 47 I 1 MSchG, Art. III Abs. 1, 1. Halbs. 3. MietRÄndG, § 27 I Fall 2 DAG neben der Grundsatzvorlage vorgesehenen Divergenzvorlagen.

es entschieden wissen möchte[53]. Erst dadurch entsteht die Gefahr einer Hinwegsetzung über die Entscheidung des Bundes- oder Landesgesetzgebers[54] bzw. eines anderen gerichtlichen Spruchkörpers. Die Vorlage knüpft somit an die gewünschte, vom vorlegenden Gericht freilich nicht in eigener Zuständigkeit zu fällende Entscheidung in einem bestimmten Sinn, gerade nicht an den Verzicht auf eine solche Entscheidung an.

2. Abgrenzung von der Zulassung der Grundsatzrevision

Auch die Zulassung der Revision wegen grundsätzlicher Bedeutung der Rechtssache[55] oder der Rechtsfrage[56] erlaubt dem erkennenden Richter, Zweifel zuzugestehen und zu artikulieren. Aber während er bei einer Vorlage die ihn dazu veranlassenden Zweifel, den Problemstand, allenfalls seine Rechtsauffassung darlegt, *entscheidet* er Rechtsfrage und Fall auch durch das Urteil, das die Revision zuläßt. Er erkennt potentiell verbindlich, was rechtens ist und was rechtskräftig werden soll, falls die Parteien oder das Revisionsgericht seine Zweifel nicht teilen. Auch für die Parteien schafft er durch die Zulassung der Revision eine andere Situation als durch eine Vorlage: Während sie auf diese keinen oder nur einen geringen Einfluß haben[57], konfrontiert der Richter in einem Urteil, das die Revision wegen Grundsätzlichkeit zuläßt, die Parteien mit seiner konkreten Entscheidung. Er überläßt es ihrer Initiative, durch Rügen beim Revisionsgericht eine richtigere Antwort auf die Grundsatzfrage anzustreben. Deshalb kann die Vorlage des zweifelnden Richters nur der Rechtseinheit und der Rechtsfortbildung dienen. In der Hand einer Par-

---

[53] So schon der Wortlaut des Art. 100 I GG, § 80 II BVerfGG bzw. § 136 GVG und der zitierten Parallelbestimmungen; vgl. etwa BVerfGE 22, 175 (177) m. Nachw., 25, 371 (386); *Friesenhahn* Die Verfassungsgerichtsbarkeit in der BRD (1963) S. 53; *Lechner* BVerfGG (2. Aufl. 1967), zu § 80 II S. 286; für § 136 GVG § 9 I der GeschO des BGH v. 3. 3. 1952 (BAnz. Nr. 83), weniger deutlich für § 45 II ArbGG § 7 II der GeschO desBAG i. d. F. v. 8. 4. 1960 (BAnz. Nr. 76).

[54] Die nach BVerfGE 1, 184 (197) der Grund für die Konzentration der Verwerfungskompetenz beim Bundesverfassungsgericht ist.

[55] § 546 II 1 ZPO, § 69 III 1 ArbGG, § 132 II Nr. 1 VwGO, § 115 II Nr. 1 FGO. Daß danach auch die wirtschaftliche Bedeutung der Sache berücksichtigt werden kann, ergibt sich zumindest für die VwGO aus den Materialien: Rechtsausschuß des Bundestages, 5. WP, 66. Sitzung v. 29. 4. 1959, S. 18 ff. Für die Arbeitsgerichtsbarkeit vgl. *G. Müller* Die grundsätzliche Bedeutung der Rechtssache, in: Beiträge zu Problemen des neuzeitlichen Arbeitsrechts, Festschrift für *Herschel* (1955), S. 159 ff.

[56] § 162 I Nr. 1 (vgl. demgegenüber § 150 Nr. 1) SGG sowie nach Spezialgesetzen wie § 34 II 2 WehrpflichtG, § 73 II Nr. 1 GWB.

[57] So für die verfassungsgerichtlichen Vorlagen ausdrücklich § 80 III BVerfGG (auf den §§ 84, 86 II verweisen), für § 137 GVG *Wieczorek* ZPO Bd. V (1957), zu § 138 GVG Erl. A I; für § 11 VwGO eingehend und differenzierend *H. W. Müller* in: Staatsbürger und Staatsgewalt II (1963), S. 527 (550 ff.). — Anders allerdings Art. 177 III EWGV, Art. 150 III EAGV, dazu unten IV 5 a).

tei, die die Vorlage anregt, ist sie eine Waffe mit völlig ungewisser Stoßrichtung: Da der vorlegende Richter nicht entscheidet, kann die Beantwortung der Rechtsfrage durch den *iudex ad quem* für die anregende Partei ungünstiger sein als die eigene Antwort des vorlegenden Richters gewesen wäre; da die Vorentscheidung fehlt, ist im Ergebnis eine Verböserung nicht auszuschließen, ja nicht einmal eindeutig festzustellen[58]. — Anders die zugelassene Grundsatzrevision: Die Revision als solche mag noch so sehr primär Rechtseinheit und Rechtsfortbildung fördern; die Aktualisierung des Zweifels durch Einlegung der Revision bleibt Rechtsmittel in der Hand der Partei. Der Anspruch auf Zulassung im Fall einer Grundsatzfrage und dessen Durchsetzbarkeit durch die Nichtzulassungsbeschwerde ist die zwar nicht notwendige[59], aber natürliche Folge[60].

3. Abgrenzung von der Aussetzung wegen eines anderen Rechtsstreits

Verwandt mit der Vorlage des zweifelnden Richters zur Klärung einer Rechtsfrage ist schließlich die Aussetzung des Verfahrens durch den zweifelnden Richter wegen eines *präjudiziellen* anderweitig anhängigen *Verfahrens* nach § 148 ZPO, den Parallelbestimmungen der anderen Verfahrensordnungen[61] und vielen Spezialbestimmungen[62]. Auch hier enthält sich der erkennende Richter einer Entscheidung, auch hier zum Zweck einer einheitlichen Rechtsprechung. Aber während die Vorlage des zweifelnden Gerichts der Klärung von Grundsatzfragen allgemeiner oder speziell gesetzlich hervorgehobener Art, der Fortbildung oder Vereinheitlichung des von den Gerichten zu konkretisierenden objektiven Rechts dient, bezweckt die Aussetzung wegen eines anhängigen Rechts-

---

[58] So etwa BGHSt 16, 145: Vorlage an die Vereinigten Großen Senate (nach §§ 136 II *und* 137 GVG) zur Milderung des Gebots des Fahrens auf Sicht, mit dem Ergebnis einer Bestätigung dieses Verbots.
[59] Wie insb. § 546 II ZPO, § 162 I Nr. 1 SGG zeigen, dazu BGH NJW 1965, 1965. Zur parallelen Problematik bei der Vorabentscheidung im Europarecht vgl. unten IV 5 b und Fn. 303.
[60] Vgl. insb. § 132 III-V, § 190 VwGO i. Vrb. m. § 339 II LAG, § 23 KfgEEG, § 115 III-V FGO; aber auch § 74 GWB, § 220 BEG, § 81 DRiG, § 145 III-V BRAO, § 127 III-V PatentanwaltsO und die dahingehenden Postulate des 44. DJT (1962) im Gutachten von *Baring* Bd. 1, Teil 3 A, S. 118 These III, im Referat von *Kregel* Bd. 2, Teil E, S. 24 f., 27 These 7, im Beschluß, Bd. 2, Teil E, S. 148 sub I 3; dagegen allerdings das Gutachten *Pohle* Bd. 1, Teil 3 B, S. 66 ff., 83 These 5 und das Referat *Redeker* Bd. 2, Teil E, S. 44, 47 These I 4.
[61] § 94 VwGO, § 74 FGO, § 114 II SGG; ähnlich § 262 II StPO.
[62] So etwa § 65 ZPO, § 46 II WohnungseigentumsG; eine Aussetzungs*pflicht* sehen für bestimmte Fälle vor §§ 151-154, 953 ZPO, §§ 86 I, 97 V ArbGG, § 20 Satz 3 MSchG, § 6 V 40. DVO UmstG, § 96 II GWB, und, differenzierend, § 11 GebrMG; die Aussetzung wegen des Verdachts einer strafbaren Handlung ermöglichen § 149 ZPO, § 114 III SGG.

streits die einheitliche und damit bessere, verfahrensökonomische Beurteilung rechtlich oder tatsächlich zusammenhängender Rechtsverhältnisse. Sie zielt auf sachgerechte und gleichmäßige Rechtsprechung nicht generell, sondern für die an einem der Rechtsstreite Beteiligten[63]. Und während die Aussetzung und Vorlage des zweifelnden Richters die Zuständigkeit zur Klärung der zweifelhaften Rechtsfrage verschiebt[64], läßt die Aussetzung wegen eines anhängigen Rechtsstreits die Zuständigkeit des erkennenden Richters unberührt, selbst wenn er von seinem Recht Gebrauch macht, eine präjudizielle Vorfrage aus einem anderen Rechtsgebiet zu entscheiden: Er trifft lediglich eine prozeßleitende Maßnahme, um sich eine zusätzliche Erkenntnisquelle zu verschaffen. Ob er an die Entscheidung des anderen Rechtsstreits gebunden ist, hängt nicht von der Aussetzung, sondern einzig von den Grenzen der Rechtskraft ab[65]. Deshalb war das Ermessen des erkennenden Richters bei der Aussetzung wie auch die eventuelle Bindung an das Urteil im Parallelprozeß bei Erlaß der Zivilprozeßordnung unproblematisch[66]. Daraus erhellt aber auch die Problematik, die sich ergibt, wenn man in sinngemäßer Auslegung[67] die Begriffe des „Rechtsverhältnisses" und des „Rechtsstreits" in § 148 ZPO weit, insbesondere auch auf die Frage der Verfassungsmäßigkeit einer Norm in einem anhängigen verfassungsgerichtlichen Normenkontrollverfahren ausdehnt, also dem Instanzgericht wegen eines anhängigen verfassungsgerichtlichen Normenkontrollverfahrens die Aus-

---

[63] *Pohle* in: *Stein/Jonas* Komm. zur ZPO (19. Aufl.) zu § 148 Anm. I 2; *Blomeyer* Zivilprozeßrecht (1963), S. 127; *Stephan* in: Zöller ZPO (10. Aufl. 1968), zu § 148 Anm. I.

[64] Eben deshalb sind die Großen Senate und ihre Zuständigkeit im GVG bzw. in den gerichtsverfassungsrechtlichen Bestimmungen der Verfahrensordnungen, nicht im Verfahrensrecht geregelt, vgl. etwa *Müller/Sax* KMR-Komm. zur StPO, Bd. 2 (6. Aufl. 1966), Anm. zu § 132 GVG; *Baumbach/Lauterbach*, ZPO (30. Aufl. 1970), zu § 132 GVG Anm. 3. Erst recht ist die Frage, ob die Voraussetzungen einer verfassungsgerichtlichen Vorlage gegeben sind, ein Zuständigkeitsproblem, vgl. *Stern* Bonner Kommentar, Zweitbearbeitung, zu Art. 100 GG Rdnr. 6; *von Mangoldt* GG (1953) zu Art. 100 Erl. 2: Art. 100 GG begründet unter bestimmten (und unter sich verschiedenen) Voraussetzungen ein Entscheidungsmonopol des Bundesverfassungsgerichts, vgl. insb. BVerfGE 1, 283 (292); 4, 178 (188 f.); 6, 222 (231 ff.).

[65] So schon *Hellwig* System des Deutschen Zivilprozeßrechts I (1912), S. 616; *Pohle* in: *Stein/Jonas* zu § 148 ZPO Anm. II 4; *Blomeyer* (zit. Fn. 63) S. 127 m. Fn. 3; *Wieczorek* ZPO Bd. I 2 (1957), zu § 148 Anm. B II a 3 m. Nachw.

[66] Die gesammten Materialien zur CPO, hg. von *Hahn* (1880), erwähnen diskussionslose Annahme des § 133 der Regierungsvorlage, der dem späteren § 139 CPO und § 148 ZPO wörtlich entspricht, S. 567, 990; vgl. damit die oben Fn. 8 berichtete Problematik. — Vgl. auch *Bettermann* in: Die Grundrechte Bd. III 2 (1959), S. 779 (784 f.), dessen Kritik an der Aussetzung eines Prozesses im alleinigen Interesse der generellen Prozeßökonomie freilich Widerspruch durch *Bötticher* ZZP 74 (1961), S. 318, und *Dütz* Rechtsstaatlicher Gerichtsschutz im Privatrecht (1970), S. 184 f. gefunden hat.

[67] So *Pohle* in: *Stein/Jonas* zu § 148 ZPO Anm. I 3 c.

3. von der Aussetzung wegen eines anderen Rechtsstreits

setzung von Prozessen gestattet, in denen die vom Verfassungsgericht in einem anderen Verfahren zu prüfende Norm entscheidungserheblich ist[68]: Ziel der verselbständigten verfassungsgerichtlichen Normenkontrolle ist gerade nicht die Klärung eines Rechtsverhältnisses unter bestimmten Beteiligten, sondern die Klärung einer Rechtsfrage mit Bindungswirkung *erga omnes*, somit das gleiche wie bei der Aussetzung und Vorlage des zweifelnden Gerichts. Wenn daher das erkennende Gericht überhaupt die Möglichkeit haben soll, einen Rechtsstreit wegen eines anhängigen Normenkontrollverfahrens nach § 148 ZPO oder einer Parallelbestimmung dazu auszusetzen[69], so wird es bei der Handhabung seines prozeßleitenden Ermessens[70] zumindest berücksichtigen müssen, daß die Parteien ein Interesse an baldiger Entscheidung haben können. Dieses Interesse kann — anders als im sonstigen Anwendungsbereich der prozeßleitenden Aussetzung — bei einem objektiven Normenkontrollverfahren nicht mit bestimmten Parteiinteressen, sondern nur mit der Frage der Fortbildung des objektiven Rechts kollidieren. Damit hat die richterliche Prozeßleitung nichts zu tun: Sie findet ihre Grenze an der Entscheidungspflicht[71] und daher in der Frage der Normengeltung an der Prüfungs-

---

[68] Dafür etwa *Pohle* in: *Stein/Jonas* zu § 148 ZPO Anm. III 3; *Frowein* NJW 1962, 1091 m. w. Nachw.; *Gast* Betrieb 1966, 1289; aus der neueren Judikatur BFH 86, 248, 504; 87, 517; 89, 178 (einschränkend); auch 90, 209 (212); in engen Grenzen auch *Sigloch* in: *Maunz/Sigloch/Schmidt-Bleibtreu/Klein* BVerfGG (Stand: 1967), zu § 80 Rdnr. 287; skeptisch *Blomeyer* Zivilprozeßrecht S. 128 Fn. 7; dagegen *Eyermann/Fröhler* VwGO (4. Aufl. 1965), zu § 94 Rdnr. 7; *Schunck/De Clerck* VwGO (2. Aufl. 1967), zu § 94 Anm. 1 g; *Redeker/von Oertzen* VwGO (3. Aufl. 1969), zu § 94 Rdnr. 1; *Tipke/Kruse* AO (2.-4. Aufl.), zu § 74 FGO Anm. 2; *Naumann* FR 1967, 38 f.; *Paulick* StW 1968, 587 (599 ff.); *Spanner* FR 1968, 425 (427 ff.); *Wieczorek* ZPO, Handausgabe (2. Aufl. 1966), zu § 148 Anm. A II a 4; aus der neueren Judikatur (nach dem Vorbild insb. von OVG Hamburg Verw. Rspr. 10 [1958] Nr. 78 S. 253) BayObLG NJW 1967, 110 (112 m. w. Nachw.); FG Hamburg EFG 1967, 191. Gegen eine ausdehnende Auslegung des § 74 FGO spricht vorweg, daß er enger gefaßt ist als sein Vorläufer, § 264 AO a. F., und daß der Vorschlag, eine entsprechende, verfassungsgerichtliche Verfahren einbeziehende Bestimmung in die FGO aufzunehmen, in der parlamentarischen Beratung gestrichen wurde (BT-DrS IV/1446, § 72 II, dazu Beratungen des Rechtsausschusses, 133. Sitzung v. 13. 5. 1965, S. 13 f., und Bericht, *zu* BT-DrS IV/3523, zu § 72); dazu *Ziemer/Birkholz* FGO (1966), zu § 74 Rdnr. 3, 4, 11.

[69] Die Problematik, insbes. die Frage der Vereinbarkeit einer Aussetzung ohne Vorlage wegen bereits anhängiger konkreter Normenkontrolle mit Art. 100 GG — dafür etwa *Frowein* NJW 1962, 1091; dagegen etwa *Stern* Bonner Kommentar, Zweitbearbeitung (1967), zu Art. 100 GG Rdnr. 173 f., sowie mit Art. 103 I GG — dazu etwa *Dütz* (zit. Fn. 66) S. 184 f. — und mit Art. 19 IV GG — dazu insb. *Bettermann* in: Die Grundrechte III 2, S. 779 (784 f.) — kann hier nicht unter allen Aspekten erörtert werden.

[70] Arg. „kann" in §§ 148 - 150 entgegen §§ 151 - 154 ZPO; vgl. *Pohle* in: *Stein/Jonas* zu § 148 ZPO Anm. II 2.

[71] *Baumbach/Lauterbach* a.a.O. Übersicht vor § 128 Anm. 1 C b; *Pohle* in: *Stein/Jonas* vor § 128 ZPO Anm. IV 2 b; *Rosenberg/Schwab* Zivilprozeßrecht (10. Aufl. 1969), S. 295 ff.

pflicht[72] des Richters als der Kehrseite seines Prüfungsrechts. Würdigt ein Gericht diese Gesichtspunkte, so wird es kaum zu einer prozeßleitenden Aussetzung mit Rücksicht auf ein anhängiges objektives Normenkontrollverfahren kommen können[73].

---

[72] *Bettermann* in: Die Grundrechte III 2, S. 523 (533 f.); 779 (899 ff.); *Stern* a.a.O. Rdnr. 10, vgl. etwa BVerfGE 2, 406 (411); 6, 222 (234).

[73] Kennzeichnend sind die oben Fn. 68 zitierten Urteile des BFH, die als Modellfall legitimer Aussetzung hingestellt werden: Der BFH hatte in einem Grundsatzurteil (E 81, 55 [65, 71 ff.]) die Gesellschaftssteuerpflicht der Kommanditanteile einer GmbH & Co. KG (§ 6 I Nr. 4 KVStG) inzident für verfassungswidrig erklärt, die Bayerische Staatsregierung dagegen Antrag auf abstrakte Normenkontrolle (Feststellung der Vereinbarkeit mit dem GG) durch das BVerfG (1 BvF 3/65, vgl. BVerfGE 24, 174) erhoben. Statt nun entweder seine Rechtsprechung zu bestätigen und zu festigen (was zur Klärung beigetragen hätte) oder die Problematik des ersten Urteils einzugestehen und § 6 I Nr. 4 KVStG als gültig anzuerkennen (was dem BVerfG größere „Fallbreite" als Entscheidungsgrundlage verschafft hätte), oder zu einer Vorlage nach Art. 100 I GG zu schreiten (was angesichts der Unklarheit, ob es sich wirklich um eine vorkonstitutionelle Norm handelte, nicht abwegig gewesen wäre, vgl. BFH 81, 65 ff.), behalf sich der BFH mit der Aussetzung. Damit gab er zunächst dem Verfahren nach Art. 93 I Nr. 2 GG eine Präponderanz, die ihm nicht zukommt, arg. § 76 Nr. 2 BVerfGG, vgl. etwa BVerfGE 1, 184 (197); *Bettermann* AöR 86 (1961), S. 129 (154 f.), und die sich schlecht mit der differenzierenden, auch die Rechtssicherheit schützenden Regelung der Wirkung von Normenkontroll-Entscheidungen in §§ 78/79 BVerfGG verträgt (das verkennt BFH 87, 520). Das Vorgehen ging auf Kosten des Interesses der Kläger an rechtzeitigem Rechtsschutz, nahm ihnen das rechtliche Gehör vor dem nun über ihren Fall entscheidenden Gericht und verschob die Zuständigkeit zur eigentlichen Sachentscheidung: Der BFH gab Zweifeln Raum, anstatt zu entscheiden, und entzog sich damit der Aufgabe, die er in BFH 81, 55 so kühn zu lösen unternommen hatte. Sachgerechter demgegenüber die Interessenabwägung durch das FG Hamburg, EFG 1967, 191.

III. Funktion und Wirkungen der Zweifelsvorlagen

Ist damit der Kreis der Fälle umrissen und abgegrenzt, in denen das geltende Recht Gerichten die Entscheidungsbefugnis einräumt, durch Zweifel die Klärung einer Rechtsfrage durch ein anderes Gericht oder einen anderen Spruchkörper zu erwirken, so stellt sich zunächst die Frage nach Funktion und Wirkungen der Zweifel sowie der sie klärenden Entscheidungen. Dabei fällt zunächst auf, daß alle[74] gesetzlichen Anknüpfungen an Zweifel des erkennenden Gerichts Entscheidungen herbeiführen sollen, die eine doppelte Funktion haben: Sie sollen einerseits die zweifelhafte Rechtsfrage für den konkreten Einzelfall beantworten, und andererseits eine im einzelnen noch zu erörternde Bindungswirkung über den Einzelfall hinaus haben.

1. Entscheidung des Einzelfalls

a) (Positive) Bindungswirkung der Entscheidung

Funktionell primär, wenn auch in concreto vielleicht weniger wichtig ist die *Entscheidung des Einzelfalls*. Die Entscheidung des *iudex ad quem* ist, wie die meisten in Frage stehenden Gesetze ausdrücklich sagen[75], und wie sich für die Verfahren vor dem Bundesverfassungsgericht aus der Erstreckung der Rechtskraft von dessen Entscheidungen[76] ergibt, für das erkennende Gericht *in der Sache bindend,* ähnlich wie die Rechtsansicht in den tragenden Gründen eines zurückverweisenden Urteils[77]. Daraus folgt zugleich, daß die Entscheidung der Rechtsfrage auch ein

---

[74] Anders nur die Regelung der WBO, dazu unten 2 c).

[75] §138 III GVG, dem § 11 II SGG, § 11 V 2 VwGO, § 11 V 2 FGO, § 18 IV 3 WBO nachgebildet sind, auf den § 45 III 3 ArbGG verweist und dem § 27 III 1 DAG entspricht. Ähnlich § 47 I 3 MSchG, Art. III Abs. I 5 3. MietRÄndG. Die Verträge über die Europäischen Gemeinschaften postulieren die Bindungswirkung nicht ausdrücklich, gehen aber davon aus, so BFH 93, 102 (105 ff.); *Ehle* Klage- und Prozeßrecht des EWG-Vertrags (1966 ff.), zu Art. 177 EWGV Rdnr. 79; *Schumann* ZZP 78 (1965), 77 (113), *Gutsche* Die Bindungswirkung der Urteile des EuGH (1967), S. 175 (180), 208; *Zuleeg* EuR 1969, 262 (263); alle m. w. Nachw. Besonders klar jetzt EuGH 15, 165 (178): Bindung, aber Möglichkeit einer ergänzenden Vorlage.

[76] § 31 I BVerfGG.

[77] Dazu *Bettermann* in: Die Grundrechte III 2 (1959), S. 523 (537 f.) und DVBl. 1961, 65; *Blomeyer* Zivilprozeßrecht (1963), S. 545 f.; speziell für die Entscheidung des Großen Senats *Maetzel* MDR 1966, 453.

III. Funktion und Wirkungen der Zweifelsvorlagen

Untergericht bindet, an das das vorlegende Gericht die Sache zur Entscheidung zurückverweist[78].

b) *Entscheidungserheblichkeit der Zweifelsvorlage als Korrelat*

Schon aus dieser Funktion läßt sich ableiten, daß der Richter nur als Fallrichter bei der Entscheidung eines konkreten *Einzelfalls* auftretende Rechtsfragen vorlegen kann.

ba) Einige der Verfassungs- und Gesetzesbestimmungen[79] heben das ausdrücklich hervor. Es muß aber auch in den übrigen Fällen gelten: So wenig wie eine prinzipale Normenkontrolle (oben I 6) gibt es nach deutschem Recht eine prinzipale Norminterpretation auf Antrag eines Gerichts[80]. Deshalb genügt es auch nicht, wenn sich eine Rechtsfrage irgendwie im Zusammenhang mit einem Verfahren stellt. Sie muß für die vom erkennenden Gericht zu fällende *Entscheidung erheblich* sein[81]. Das Gericht muß, je nachdem wie die Frage beantwortet wird, zu einer unterschiedlichen Entscheidung kommen[82]. Es muß den Sachverhalt zumindest so weit geklärt haben, daß die Erheblichkeit der Vorlagefrage feststeht[83].

---

[78] So im Verhältnis der obersten Gerichtshöfe zu den Tatsacheninstanzen § 565 II ZPO (auf den § 72 III ArbGG verweist), § 170 IV SGG, § 144 VI VwGO, § 126 V FGO. § 47 I 3 MSchG („in der Sache verbindlich") drückt den gleichen Gedanken aus; dieser muß auch für das 3. MietRÄndG gelten, obwohl es nur von einer Bindung des LG spricht; so auch *Hans* Das neue Mietrecht in den weißen Kreisen (Stand 1969), zu Art. III 3. MietRÄndG Anm. 4 d; *Schmidt-Futterer* NJW 1968, 919 (923); a. A. *Roquette* Neues soziales Mietrecht (1969), zu Art. III 3. MietRÄndG Rdnr. 18. Entsprechend für die Vorabentscheidung *Daig* EuR 1968, 259, 371 (385). Vgl. auch *Hanack* (zit. Fn. 4), S. 343 ff.

[79] Art. 100 II GG, § 86 II BVerfGG, Art. 177 II und (weniger klar) III EWGV, § 47 I MSchG, Art. III Abs. I 3. MietRÄndG.

[80] Vgl. *Goessl* Organstreitigkeiten innerhalb des Bundes (1961), S. 34 Fn. 132, mit dem Hinweis auf Art. 140 der Bremischen Verfassung.

[81] Daß diese Voraussetzung im Grunde selbstverständlich ist, hebt mit Recht *Hanswerner Müller* Die Ausgestaltung des Großen Senats in der Verwaltungsgerichtsbarkeit, in: Staatsbürger und Staatsgewalt Bd. 2 (1963), S. 527 (544) hervor.

[82] Vgl. aus der Rechtsprechung zur Normqualifikation BVerfGE 4, 319 (321); 15, 25 (30); zur Grundsatzvorlage an die Großen Senate BGHZ 13, 360 (363); 37, 210 (212); BGHSt 18, 79 (81); 19, 7 (9), 206 (209); BSG 14, 246; BAG 3, 1 (2) gegen 6, 149 (150 f.); 10, 65 (67); 12, 15 (17); BFH 91, 213 (215); 95, 31 (33); 98, 314 (315 f.); zur Vorlage nach § 18 IV WBO BDH 4, 185 (186); 6, 169 ff.; BVerwGE 33, 139 (140, 142); zur mietrechtlichen Grundsatzvorlage OLG Köln NJW 1968, 1834; OLG Hamm NJW 1968, 2339 (2340); OLG Stuttgart NJW 1969, 1070; zur Vorlage zur Vorabentscheidung EuGH 11 Heft 3, 8; 14, 85 (118: Generalanwalt); 14, 679 (690); ferner BVerwG DVBl. 1970, 630 f.; anders freilich wohl EuGH 9, 1 (24); 10, 1251 (1268); 12, 281 (301).

[83] Zu diesem (bei den Großen Senaten naturgemäß kaum relevanten) Problem insb. BVerfGE 11, 330 (335); 17, 135 (137 ff.); 18, 186 (191 f.); 24, 119 (133 f.); *Brinckmann* Das entscheidungserhebliche Gesetz (1970), S. 89; zu den praktischen Unzuträglichkeiten, die daraus resultieren können, vgl. *Wacke* DVBl. 1968, 537 ff. m. w. Nachw. — Grundsätzlich anders die Rspr. des EuGH, vgl. insb. die Stellungnahme des Generalanwalts in EuGH 14, 679 (698).

1. ba) Entscheidungserheblichkeit: Grundsatz

Freilich ist hier wie bei der konkreten Normenkontrolle die Beurteilung der Entscheidungserheblichkeit Sache des vorlegenden Gerichts: Es legt eine zweifelhafte Rechtsfrage, nicht den ganzen Fall vor; nur über jene, nicht über die Richtigkeit aller Überlegungen des vorlegenden Gerichts ist zu entscheiden[84]. Dennoch bewirkt die Vorlage, anders als etwa die Zulassung der Revision[85], nicht die Statthaftigkeit: Sachentscheidungsvoraussetzung für den *iudex ad quem* ist nicht die Vorlage als solche, sondern nur die rechtmäßige Vorlage. Daher hat er zumindest zu prüfen, ob die Vorlage zu einer abstrakten Norminterpretation mißbraucht wird[86] und ob das vorlegende Gericht den Begriff der Entscheidungserheblichkeit verkannt hat. Diese Prüfung kann auch zu einer Einschränkung oder Abwandlung der Vorlagefrage führen[87], etwa wenn mehrere Fragen logisch voneinander abhängen und durch die Beantwortung einzelner Fragen weitere gegenstandslos werden. Darüber hinaus scheint mir, vor allem wegen der noch zu erörternden weitergehenden Bindungswirkung, erwägenswert, dem *iudex ad quem* auch die Zurückweisung einer offensichtlich unhaltbaren Rechtsauffassung des vorlegenden Gerichts zu gestatten[88]. All das ist in der Rechtsprechung des Bundesverfassungsgerichts zur konkreten Normenkontrolle entwickelt[89] und auf die Normqualifikationsverfahren übertragen worden; es bestimmt mit geringen Abweichungen[90] auch die Rechtsprechung der Großen Senate.

---

[84] Dazu die umfassenden Hinweise auf die Rspr. des BVerfG bei *Leibholz/ Rupprecht* BVerfGG (1968), zu § 80 Rdnr. 28, vgl. *H. G. Rupp* in: Tübinger Festschrift für *Eduard Kern* (1968), S. 403 (406 f.); neuerdings etwa BVerfG 26, 302 (306); 27, 133 (137); aus der Rspr. der Großen Senate insb. BFH 91, 213 (215). Noch restriktiver demgegenüber das BAG seit E. 6, 149 (150 f.), entgegen der früheren Rspr.

[85] Die als rechtsgestaltende Entscheidung ja nur die Voraussetzung für die Anrufung des Revisionsgerichts durch die Parteien schafft! Vgl. zu diesem Problem *Blomeyer* Zivilprozeßrecht (1963), S. 262 f.; *Rosenberg/Schwab* Zivilprozeßrecht (10. Aufl. 1969), S. 749 f.; *Hanack* (zit. Fn. 4) S. 314 ff. scheint diesen Unterschied nicht anzuerkennen, kommt jedoch (S. 322 ff.) für die Vorlagen zu einem dem hier vertretenen ähnlichen Ergebnis.

[86] So auch BAG 5, 1 (2); 6, 150 (151), vgl. Fn. 84; BFH 93, 75 (76); 95, 31 (33).

[87] Das ist vor allem bei der Vorlage des zweifelnden Richters häufig, bei der, anders als bei der Normenkontrolle, i. d. R. nicht eine konkrete Gesetzesbestimmung den Gegenstand der Vorlage bildet, vgl. etwa die Formulierungsschwierigkeiten in BVerfGE 15, 25 (31 ff.); ähnlich auch bei Normenkontrollentscheidungen von großer Tragweite, etwa E. 3, 187 (196); ferner BGHSt 19, 7 (9); BGHZ 34, 99 (109 f.); BFH 95, 31 (33 f.); BDH 7, 159 (161 sub 3); und besonders in der Rspr. des EuGH: So 8, 97 (110); 10, 1251 (1268); 11 Heft 3, 8; 11, 1151 (1164 f.); 12, 257 (265 ff.); 14, 267 (277); 14, 299 (308); 14, 351 (360 a. E.); 15, 125 (134); 15, 295 (301 f.); 15, 419 (424 f.). Ähnlich neuestens BAG 20, 175 (183 ff.).

[88] So das BVerfG in st. Rspr. seit E. 2, 380 (389); 3, 225 (236); 4, 45 (48) bis 27, 133 (137).

[89] Vgl. die Nachweise bei *Leibholz/Rupprecht* BVerfGG, zu § 80 Rdnr. 22 - 28.

[90] Vgl. die Nachweise oben Fn. 82, 84, 85, 86, 87.

III. Funktion und Wirkungen der Zweifelsvorlagen

bb) In weitgehend *anderer Richtung* hat sich dagegen die Rechtsprechung zur *Vorabentscheidung* im Europarecht und zur Vorlage nach dem *Auslieferungsgesetz* entwickelt. Der Europäische Gerichtshof geht einerseits davon aus, daß einzelstaatliche und europäische Gerichtsbarkeit getrennte Aufgaben wahrnehmen. Deshalb lehnt er es ab, die Überlegungen und das Verfahren, das zur Vorlage führt, zu überprüfen[91]. Andererseits entformalisiert er das Vorabentscheidungsverfahren, da er es als Form der Zusammenarbeit der dadurch verbundenen Gerichtsbarkeiten betrachtet[92], und deutet etwa unzulässige Vorlagefragen so um, daß sie in seinen Zuständigkeitsbereichs fallen[93]. Jede der beiden Überlegungen könnte jedoch ebenso gut den entgegengesetzten Schluß rechtfertigen: Aus der organisatorischen Trennung einzelstaatlicher und europäischer Gerichtsbarkeit ließe sich die Aufstellung präziser Zulässigkeitsvoraussetzungen[94], aus der Zusammenarbeit der Gerichtsbarkeiten ließe sich die Überprüfung der Gedankengänge, die zur Vorlage führen, ableiten. Daher sollte auch hier als Vorlagevoraussetzung die Entscheidungserheblichkeit gefordert, wenn auch höchstens in (den erwähnten) Grenzen als überprüfbar betrachtet werden[95] — erst recht angesichts der

---

[91] Vgl. schon EuGH 8, 97 (110); 9, 1 (24); 10, 1251 (1268 f.); 11 Heft 3, 8; 12, 281 (301); 14, 679 (690); 15, 125 (135); 15, 309 (315 f.); besonders deutlich 14, 707 (716): Die Frage, ob die Klage im Ausgangsverfahren überhaupt zulässig ist, spielt für den EuGH keine Rolle. Vgl. allgemein *Schlochauer* Der Gemeinschaften-Gerichtshof als Integrationsfaktor, in: Probleme des europäischen Rechts, Festschrift für *Hallstein* S. 431 (443 ff.).

[92] So schon EuGH 8, 97 (133 ff.: Generalanwalt) und, besonders deutlich, 11, 1151 (1164 f.); 14, 296 (297); vgl. auch die Nachweise in Fn. 87, sowie EuGH 13, 591 (616).

[93] Etwa EuGH 10, 417: Beantwortung einer nach Art. 41 EGKSV nicht statthaften Auslegungsfrage als Frage zum EWGV auf Grund von dessen Art. 177! Ebenso in st. Rspr. seit EuGH 8, 97 (110) Umdeutung von Fragen der Auslegung oder Gültigkeit nationalen Rechts in solche des Europarechts.

[94] Das zeigt die Trennung der Verfassungsgerichtsbarkeit von den übrigen Gerichtsbarkeiten mit aller Deutlichkeit: Schon in seiner ersten konkreten Normenkontrollentscheidung, BVerfGE 1, 184 (188 ff.), ging das BVerfG ganz selbstverständlich davon aus, daß es die Vorlagevoraussetzungen zu überprüfen habe.

[95] Ebenso *Schumann* ZZP 78 (1965), S. 77 (107 f. m. w. Nachw.); *Tomuschat* Die gerichtliche Vorabentscheidung nach den Verträgen über die europäischen Gemeinschaften (1964), S. 123 ff., 154 ff.; *Ehle* Klage- und Prozeßrecht des EWGV (1966 ff.), zu Art. 177 Rdnr. 39 f.; *Daig* EuR 1968, 259 (289 ff.); *Matthies* in: Probleme des europäischen Rechts, Festschrift für *Hallstein* S. 304 (305 Fn. 5), alle m. w. Nachw.; etwas näher der Rspr. *Dumon* in: Droit des Communautés Européennes, hrsg. W. J. *Ganshof van der Meersch* (Bruxelles 1969), S. 355 f. Nr. 987 f.; *Ule* DVBl. 1967, 1 (8 f.) (grundsätzliche Ablehnung jeder Nachprüfung durch den EuGH, was durch den Text von Art. 177 II EWGV / Art. 150 II EAGV immerhin nahegelegt wird); weitgehend auch *Zuleeg* Das Recht der europäischen Gemeinschaften im innerstaatlichen Bereich (1969), S. 366 f. (nur Mißbrauchskontrolle); *Basse* Das Verhältnis zwischen der Gerichtsbarkeit des EuGH und der deutschen Zivilgerichtsbarkeit (1967), S. 249 f. Für eine restriktive Anwendung des Grundsatzes der Entscheidungserheblichkeit auf das Vorabentscheidungs-Verfahren *Selmer* AWD 1968, 424 ff.

1. bb) Entscheidungserheblichkeit: Europarecht, Auslieferungsrecht

weitgefaßten Vorlagepflicht gemäß Art. 177 III EWGV, Art. 150 III EAGV, die immerhin die Gefahr völlig abstrakter, ja mißbräuchlicher Vorlagen nahelegt.

Für die auslieferungsrechtliche Grundsatzvorlage wurde zunächst sogar die Zulässigkeit eines Antrags auf abstrakte Norminterpretation postuliert[96]. Obwohl schon das Reichsgericht dem bald einen Riegel vorschob[97], entwickelte sich die Vorlage anders als die nach den verwandten Bestimmungen. Dazu trug das selbständige Vorlagerecht der Staatsanwaltschaft nach § 27 II DAG bei, das seiner Ausgestaltung[98], der Natur des Verfahrens vor der Anklagebehörde wie auch seiner Funktion nach eher einem Anfrageverfahren bei einer übergeordneten Behörde, also einem Gutachtenverfahren[99], als den Vorlagen des zweifelnden Richters vergleichbar ist[100]. Der Begriff der Entscheidungserheblichkeit hat hier alle Konturen verloren. Nötig ist nur, daß die Vorlage im Zusammenhang mit einem bestimmten (nicht notwendig gerichtlich anhängigen) Auslieferungsverfahren erfolgt[101]. Daher liegt der Schluß nahe, auch dem Oberlandesgericht die Vorlage nach § 27 I DAG unter entsprechenden Voraussetzungen zu gestatten[102]. Aber dagegen spricht die Bindungswirkung der Entscheidung, die auf die Vorlage hin ergeht[103], der Zusammenhang mit den anderen Fällen von Vorlagen des zweifelnden Richters und die Tatsache, daß das Oberlandesgericht als Gericht über die Rechtmäßigkeit der von der Staatsanwaltschaft beantragten Auslieferung zu entscheiden hat. Auch hier steht eine richterliche Fallentscheidung, echte Rechtsprechung in Frage[104]. Daher muß die Zuständigkeit

---

[96] *Mettgenberg* Deutsches Auslieferungsgesetz (1. Aufl. 1930), S. 340 ff. (in der 2. Aufl. von *Mettgenberg/Doerner* 1953, S. 402 f.).

[97] RGSt 65, 374 (379 f.); so schon *Schoetensack* Gerichtssaal 100 (1931), S. 59 ff., 337 ff. (344); *Reisner* (zit. Fn. 18), S. 122.

[98] Nicht nur ist von Entscheidungserheblichkeit, sondern auch von grundsätzlicher Bedeutung der Rechtsfrage keine Rede; vgl. *Herlan* GA 1954, 113 (114).

[99] Vergleichbar etwa § 63 AO a. F., § 97 BVerfGG a. F.

[100] Vgl. *Reisner* a.a.O. S. 122; *Herlan* GA 1954, 113 (114 f.); JZ 1966, S. 175; *Mettgenberg/Doerner* a.a.O. (2. Aufl. 1953), S. 403; a. A. *Schoetensack* a.a.O. S. 344; BGH GA 1953, 117 f., wo praktisch Entscheidungserheblichkeit der Frage verlangt wird; vgl. auch BGHSt 5, 396 (400 f.).

[101] So RGSt 65, 374 (380); etwas enger BGHSt 5, 396 (400); weiter wieder BGHSt 20, 152 ff.; wohl auch 20, 170 (172); vgl. *Herlan* JZ 1966, 174 (175); *Grützner* NJW 1954, 1021 f.

[102] So wohl *Herlan* JZ 1966, 174 (175); *Mettgenberg/Doerner* a.a.O. S. 400 f.; in ähnlichem Sinn wenig bestimmte Formulierungen des BGH zur Entscheidungserheblichkeit auch auf Vorlage von Gerichten, so BGHSt 2, 290 (292); 6, 236 (240); 22, 58 (61); etwas einschränkend immerhin BGHSt 8, 59 (61); 14, 175 (176 f.).

[103] § 27 III DAG, vgl. § 138 III GVG, dazu oben Fn. 75; ferner *Schoetensack* a.a.O. S. 344. Daher z. B. die Einschränkung der Frage in BGHSt 8, 59 (61).

[104] Vgl. § 29 DAG; dazu *Mettgenberg/Doerner* a.a.O. S. 415; BGHSt 4, 150 (151 f.); grundsätzlich *Bettermann* in: Die Grundrechte III 2 (1959), S. 779 (875 i. Vrb. m. 897); ders. AöR 92 (1967), S. 496 (505).

zur Devolution einzelner dabei zu klärender Rechtsfragen von deren Erheblichkeit für diese Entscheidung abhängen. Es dürfte auch seinen guten Sinn haben, zwar im wenig formalisierten Verfahren vor der Staatsanwaltschaft eine höchstrichterliche Entscheidung zuzulassen, ohne daß endgültig feststeht, ob sie für die Bejahung oder Verneinung der Zulässigkeit der Auslieferung erforderlich ist[105], nach dem Antrag auf gerichtliche Entscheidung über die Zulässigkeit der Auslieferung (§ 25 DAG) aber die Entscheidungszuständigkeit festzulegen[106]. Nur unter den in § 27 I, III DAG festgelegten Voraussetzungen und nur soweit es für die Entscheidung erheblich ist, kann (und muß) die Vorlage des Oberlandesgerichts an den Bundesgerichtshof erfolgen. Problematisch bleibt freilich, daß nach § 27 III DAG die Entscheidung des Oberlandesgerichts durch eine Entscheidung des Bundesgerichtshofs präjudiziert werden kann[107], die nicht auf Vorlage des Oberlandesgerichts, sondern vorweg auf (möglicherweise die Voraussetzungen des § 27 I nicht erfüllende) Vorlage der Staatsanwaltschaft ergangen ist. Aber diese Möglichkeit spiegelt nur die allgemeine, hier nicht zu erörternde Problematik richterlicher Gutachten und ihrer Bindungswirkung[108].

2. (Negative) Bindungswirkung über den Fall hinaus

Die in den Grenzen der Erheblichkeit für die Entscheidung des Einzelfalls entschiedene Rechtsfrage soll nun aber — das ist der Zweck der Veränderung der Zuständigkeit zu deren Entscheidung — mit *Wirkung über den konkreten Fall hinaus* entschieden sein. Neben die zunächst betrachtete positive Bindungswirkung für die Entscheidung des Ausgangsfalls (oben 1 a) tritt eine *negative Bindungswirkung*[109]: Ein Verbot, in künftigen Fällen von der Rechtsauffassung abzuweichen, die in der Entscheidung auf die Zweifelsvorlage hin zum Ausdruck gebracht worden ist. Diese negative Bindungswirkung ist freilich in den hier zu untersuchenden Fällen verschieden intensiv.

---

[105] Das hat insb. *Herlan* GA 1954, 113 (114 f.), und JZ 1966, 174 (175), dargelegt; ihm folgt BGHSt 20, 152 (154).

[106] Zur Unstatthaftigkeit einer Vorlage durch die Staatsanwaltschaft in dieser Phase vgl. unten IV 2 b.

[107] Nicht muß! Denn die Bindungswirkung des § 27 III besteht nur für das OLG; also nur, falls es mit der Sache befaßt wird. Andernfalls behält die „Entscheidung" des BGH ihren gutachtlichen Charakter und bindet nicht; so auch *Herlan* GA 1954, 113 (115); *Mettgenberg/Doerner* S. 403.

[108] Dazu grundlegend und rechtsvergleichend *Wildhaber* Advisory Opinions (1962), insb. S. 75 ff., 133 f.; *Wacke* AöR 83 (1958), S. 309 ff.; speziell im Hinblick auf § 97 BVerfGG a. F. und BVerfGE 2, 79 ff.: *Friesenhahn* Die Verfassungsgerichtsbarkeit in der BRD (1963), S. 45 ff.

[109] So die Terminologie etwa bei *Dräger* (zit. Fn. 13) S. 83.

a) Verfassungsgerichtliche Vorlageverfahren (§ 31 BVerfGG)

Für die verfassungsgerichtlichen Vorlageverfahren legt § 31 I BVerfGG die erweiterte Bindungswirkung unmittelbar fest: Die Verfassungsorgane des Bundes und der Länder sowie alle Gerichte und Behörden sind in der gleichen Lage wie das vorlegende Gericht. Sie alle sind an die Qualifikation einer altrechtlichen Norm als Bundesrecht bzw. an die Feststellung der innerstaatlichen Geltung und Wirkung einer Völkerrechtsnorm bei ihren künftigen Entscheidungen gebunden. Positive und negative Bindungswirkung, Entscheidung der Rechtsfrage für den Einzelfall und Klärung, Abweichungsverbot für die Zukunft decken sich, zumindest soweit der Tenor der Entscheidung in Frage steht[110]. Formeller Ausdruck dieser Wirkung ist die Gesetzeskraft der Entscheidung, § 31 II Satz 1 BVerfGG, die freilich den Rang der Rechtsnorm, über die entschieden worden ist, nicht verändert[111], also eine Völkerrechtsregel im ihr durch Art. 25 GG verliehenen Übergesetzesrang beläßt[112], eine vorkonstitutionelle Norm als Bundesrecht in ihrem bisherigen Rang bestätigt oder negiert.

Daß eine — selbst abgesehen vom Problem der Erstreckung auf die tragenden Gründe — so weit gehende Bindungswirkung die Rechtsprechung versteinern kann, liegt auf der Hand[113]. Es spräche dafür, die Regelung des § 31 BVerfGG durch spezielle Regelungen der negativen Bindungswirkung verdrängen zu lassen, in denen sich in andern (sogleich zu erörternden) Fällen diese Wirkung erschöpft: Wenn Art. 100 III GG als gegenüber § 31 BVerfGG höherrangige Norm den Landesverfassungsgerichten gestattet, durch Divergenzvorlage die Rechtsprechung des Bundesverfassungsgerichts erneut zur Diskussion zu stellen, so könnte darin eine Möglichkeit liegen, auch verfassungsgerichtliche Normklärungsentscheidungen zu revidieren[114]. Aber dieser Weg ist nicht gang-

---

[110] Ob auch für die tragenden Gründe eine Bindung über den Einzelfall hinaus besteht, ist hier nicht zu untersuchen und bekanntlich sehr umstritten; zum Streitstand *Schumann/Leipold* in: *Stein/Jonas* ZPO (19. Aufl. 1969) zu § 322 Anm. XII 6; *Leibholz/Rupprecht* BVerfGG (1968) zu § 31 Rdnr. 2; *H. G. Rupp* Zur Bindungswirkung der Entscheidungen des BVerfG, in: Tübinger Festschrift für *Eduard Kern* (1968), S. 403 (405 ff.); *Burmeister* DVBl. 1969, 605 m. Fn. 5; ferner die umfassenden Nachweise bei *Radek* Bestand und Verbindlichkeit verfassungsgerichtlicher Entscheidungen (Diss. Würzburg 1969), S. 138 ff.
[111] *Maunz* in: *Maunz* u. a. BVerfGG (1965 ff.), zu § 31 Rdnr. 30; *Leibholz/ Rupprecht* zu § 31 BVerfGG Rdnr. 3 (S. 100).
[112] Ohne über die Geltung als Völkerrechtsregel zu entscheiden, vgl. *Wengler* NJW 1957, 1417 (1420); *Stern* Bonner Kommentar, Zweitbearbeitung, zu Art. 100 GG Rdnr. 207.
[113] Vgl. etwa *Zeuner* DöV 1955, 335; *H. G. Rupp* (zit. Fn. 110) S. 421 f.; BGHZ 13, 265 (280 ff.).
[114] So *Stern* (zit. Fn. 64) Rdnr. 279 im Anschluß an *Geiger* NJW 1954, 1057 (1058); ähnlich für Art. 100 II GG *Münch* JZ 1964, 165 f.

bar. Wenn die landesverfassungsgerichtliche Divergenzvorlage eine entschiedene Normklärungsfrage wieder aufrollen könnte, müßte die Divergenzvorlage des anderen Senats des Bundesverfassungsgerichts die gleiche Wirkung haben[115]. Diese Divergenzvorlage ist ihrerseits nur die Kehrseite der Freiheit jedes Senats des Bundesverfassungsgerichts, seine eigene Rechtsprechung zu ändern[116]. Im Ergebnis stände also jede Normenkontroll-, Normqualifikations- und Normverifikationsentscheidung des Bundesverfassungsgerichts unter dem Vorbehalt der Wiederholung und Abänderung. Damit wären nicht nur Bindungswirkung und Gesetzeskraft nach § 31 BVerfGG abgeschwächt[117], sondern die Funktion der verselbständigten prinzipalen Normklärungsverfahren[118] aufgehoben. Über ihren Streitgegenstand, über Normgültigkeit bzw. Normqualität, könnte nicht mehr verbindlich und rechtskräftig[119] entschieden werden. Zu diesem Ergebnis nötigen Art. 100 III GG und § 16 BVerfGG nicht: Beide Bestimmungen regeln nur die Abweichung von einer früheren Auslegung des Prüfungsmaßstabs des Bundesverfassungsgerichts[120] und lassen frühere Fall- (und damit auch Normklärungs-)Entscheidungen[121] unberührt. Soweit diese revidiert werden müssen — was vor allem

---

[115] § 16 BVerfGG; auf den Zusammenhang mit dieser Vorschrift weist an anderer Stelle (Rdnr. 263) auch *Stern* hin.

[116] Vgl. oben I 1 und sogleich unten Fn. 127; auch BVerfGE 4, 31 (38); 2, 79 (90 ff., 92).

[117] *H. G. Rupp* (zit. Fn. 110) S. 414 ff.; zurückhaltender *Friesenhahn* Rechtsnatur und Wirkungen der Entscheidungen des BVerfG (hektogr. 1967), S. 29 f.; *Radek* (zit. Fn. 110) S. 152 ff. mit umfassenden Nachweisen.

[118] Dazu statt aller *Bettermann* ZZP 72 (1959), S. 32 (34 ff.); BVerfGE 20, 56 (86).

[119] Vgl. demgegenüber BVerfGE 4, 31 (38 f.); 20, 56 (86 f.); 26, 44 (56); *H. G. Rupp* a.a.O. S. 412 f.; *Radek* a.a.O. insb. S. 96 ff. m. w. Nachw. Wichtig für den Vorrang der Rechtskraft gegenüber der Vorlage nach Art. 100 III GG vor allem *Eller* Die Bindung der Landesverfassungsgerichte an die Entscheidungen des BVerfG und der anderen Landesverfassungsgerichte (Diss. Bonn 1963), S. 43 ff., 226 f.

[120] Arg. „bei der Auslegung (!) des Grundgesetzes", Art. 100 III GG; „von der ... Rechtsauffassung", § 16 I BVerfGG, in auffälligem Gegensatz zu den sonstigen Bestimmungen über die Divergenzvorlage. — Dagegen schließt nach einer auf Grund jener Bestimmungen ergangenen Divergenzentscheidung des BVerfG § 31 BVerfGG eine erneute Divergenzvorlage sowenig aus wie die erneute Prüfung anderer Divergenzentscheidungen; denn hier streitet nur die Abweichung von der — wenn auch im Tenor geäußerten — Auslegung bzw. Rechtsauffassung, nicht von einer Fallentscheidung in Frage. So wohl auch *Menger/Erichsen* VerwArch 1970, 375 (378 f.). — Entsprechendes dürfte für die in § 32 IV 2 PartG vorgesehene Grundsatzvorlage an das BVerfG (oben I 6) gelten: Die Grundsatzentscheidung des BVerfG bindet, insofern sie eine Grundsatzfrage klärt, nach § 31 I BVerfGG auch über den Fall hinaus, so daß eine Divergenzvorlagepflicht nicht speziell vorgesehen werden mußte; trotzdem ist in einem anderen, von der Rechtskraft der früheren Grundsatzentscheidung nicht erfaßten Fall eine erneute Grundsatzvorlage möglich.

[121] Deren Rechtskraftwirkung durch die grundgesetzliche Wesensbestimmung der Rechtsprechung und deren Gesetzeskraft in Art. 94 II 1 GG verfassungsrechtlich untermauert ist.

im Fall der Völkerrechtsverifikation denkbar erscheint[122] —, bleibt nur der (freilich wenig befriedigende) Rekurs auf eine Wiederholung der Vorlage bzw. des Antrags, wenn sich mit der Normwirklichkeit auch der Streitgegenstand, die zu prüfende Norm verändert hat[123].

b) Verpflichtung zur Divergenzvorlage

Entscheidungen auf die meisten Fälle der Zweifelsvorlage außerhalb der Verfassungsgerichtsbarkeit binden nur mittelbar über den einzelnen Fall hinaus: Will ein vorlageberechtigter Spruchkörper in einem späteren Fall die entschiedene Grundsatzfrage abweichend beantworten, so ist er zur Divergenzvorlage verpflichtet[124].

ba) Dies gilt zunächst für die *Grundsatzvorlage an die Großen Senate* der obersten Gerichtshöfe. Auch sie verstärkt die Bindung der zukünftigen Rechtsprechung. Zwar muß ein Senat schon dann vorlegen, wenn er von der Entscheidung eines anderen Senats, nicht nur des Großen Senats abweichen will[125]. Durch die Grundsatzvorlage aber bewirkt der vorlegende Senat, daß auch *er selbst* durch die Plenarentscheidung gebunden wird, also von neuem, wegen Divergenz vorlegen muß, wenn er seine *eigene* Rechtsprechung ändern will. Vergleicht man diese Folge[126] mit

---

[122] Dazu unten IV 4 cd) und Fn. 274.
[123] Dazu grundlegend BayVerfGHE 5, 166 (183 f.); in neuerer Zeit BayVerfGHE 18, 30 (35); 20, 191 (198); 22, 76 (80 f.). Das BVerfG hat bisher — so in E. 20, 56 (87); 26, 44 (56) — die Frage der Möglichkeit einer wiederholten Normprüfung offen gelassen; dafür *Friesenhahn* (zit. Fn. 117) S. 27; *H. G. Rupp* (zit. Fn. 110) S. 409.
[124] Vgl. als Schulfall aus der neuesten Rspr. BFH 98, 314: Nachdem der Große Senat (freilich auf Divergenzvorlage) am 10. 3. 1969 (BFH 95, 366) über die Möglichkeit der Vertretung des Finanzamts durch die Oberfinanzdirektion entschieden hatte, wollte sich der II. Senat nicht fügen und legte durch sehr eingehend begründeten Beschluß vom 16. 12. 1969 (BFH 98, 314) die Frage erneut dem Großen Senat vor, hierdurch die Grenze der negativen Bindungswirkung aufzeigend: ein Beschluß des Großen Senats bindet primär durch Überzeugungswirkung und kann immer neu in Frage gestellt werden.
[125] § 136 I GVG, § 45 II 1 ArbGG, § 42 SGG, § 11 III VwGO, § 11 III FGO. Wenig sinnvoll sind daher Grundsatzvorlagen in Fällen, in denen ein Senat dem Präjudiz eines anderen Senats beitreten möchte (etwa BFH 94, 436): Der vorlegende (4.) Senat war durch das Präjudiz bereits gebunden; der 6. Senat, der dieses gefällt hatte, wäre es auf Grund der Entscheidung des 4. Senats ebenso gewesen wie auf Grund der Entscheidung des Großen Senats!
[126] Die vom Gesetzgeber von 1935 durchaus beabsichtigt gewesen sein dürfte, vgl. die Strafrechtsnovellen v. 28. Juni 1935, Amtl. Sonderveröffentlichung der Deutschen Justiz Nr. 10 (1935), S. 57 ff.: „Die Rechtsprechung des Reichsgerichts (soll) den Instanzgerichten den Weg zur eigenen Umbildung und Fortentwicklung des Rechtes weisen"; S. 58: „Bei der Bedeutung, die dem Großen Senat im Gegensatz zu den bisherigen vereinigten Senaten zukommt und die bei einem Teil seiner Tätigkeit sich eng mit den Aufgaben des Gesetzgebers berührt"; S. 59: „wird auf diese Weise der gesunden Fortbildung des im Volke wurzelnden Rechts am ehesten gedient und zugleich vermieden, daß ein ungeklärter Zweifel über eine grundsätzliche Rechtsfrage längere Zeit das Rechtsleben beeinflußt." Allgemein dazu *Rüthers* Die unbegrenzte Auslegung (1968), insb. S. 457 ff.

der eingangs erwähnten ursprünglichen Fassung des Gerichtsverfassungsgesetzes und mit deren Motiven[127], so zeigt sich die rechtshistorische und rechtstheoretische Bedeutung der Grundsatzvorlage: Durch sie erhält die Rechtssicherheit, die stetige Rechtsprechung den Vorrang vor der freien Rechtsfindung durch den gesetzlich abschließend für zuständig erklärten Einzelfall-Richter und gesteht der Gesetzgeber ein, daß die Gerichte das Recht nicht nur von Fall zu Fall, sondern durch Grundsätze und Leitsätze bewußt über den Einzelfall hinaus fortbilden[128].

bb) Freilich nur mit Bindungswirkung für die einzelnen Spruchkörper innerhalb des einen Gerichts im staatsrechtlichen Sinn[129]! Das ist anders und wird durch eine Bindung der Untergerichte ergänzt bei den im *Deutschen Auslieferungsgesetz*[130], im *Mieterschutzgesetz* und im *Dritten Mietrechtänderungsgesetz*[131] geregelten Vorlageverfahren. Hier ist das Recht der Vorlage von Grundsatzfragen mit der Pflicht zur Vorlage bestimmter Rechtsfragen gekoppelt: im Fall beabsichtigter Abweichung von einer früheren Entscheidung des Bundesgerichtshofs über eine Rechtsfrage in Auslieferungsangelegenheiten bzw. von dem früheren

---

[127] Oben I 1; dazu Die gesammten Materialien zu dem Gerichtsverfassungsgesetz, hrsg. von *Hahn* (1879), Bd. 1 S. 138 f., 139: „Eine Vorschrift, daß die Verweisung an den größeren Spruchkörper auch dann eintreten müsse, wenn ein Senat von seiner eigenen früheren Ansicht abweichen will, scheint prinzipiell nicht gerechtfertigt. Wollte man in der Aenderung einer Rechtsansicht des höchsten Gerichtshofes einen Uebelstand finden, so wäre derselbe ein solcher, der sich durch Gesetz überhaupt nicht verhüten ließe, denn auch das Plenum oder die vereinigten Senate können von einem früheren Beschlusse abgehen. Die Aenderung einer Rechtsansicht des höchsten Gerichtshofes, welcher der Irrthümer früherer Ansichten berichtigt, kann aber als ein Uebelstand überhaupt nicht anerkannt werden und es empfiehlt sich im Interesse der Rechtsentwicklung, die Berichtigung für unrichtig erkannter Ansichten eher zu fördern als zu erschweren." Dazu *Hanack* (oben Fn. 4), S. 19 ff.
[128] Vgl. BGHZ 3, 308 (315 f.); *Rüthers* a.a.O. S. 457 ff.; *Germann* Richterrecht, in: Probleme und Methoden der Rechtsfindung (2. Aufl. 1967), S. 227 ff.; *ders.* Präjudizien als Rechtsquelle (1960); *Meier-Hayoz* Der Richter als Gesetzgeber (1951); *ders.* in: Berner Kommentar zum Schweiz. Zivilgesetzbuch, Einleitungsband (1962), zu Art. 1 Rdnr. 520 ff.; freilich alle von der Frage nach der richterlichen Methode, nicht nach der Zuständigkeitsordnung und -verschiebung ausgehend. Eher im Sinn der hier dargestellten Problematik, aber primär mit Blick auf den Divergenzausgleich *Hanack* (zit. Fn. 4), insb. S. 93 ff.
[129] Im Sinn der Terminologie bei *Kern* Gerichtsverfassungsrecht (4. Aufl. 1965), S. 121. Deshalb kann sich jedenfalls das Abweichungsverbot der §§ 136 ff. GVG nicht auf die Staatsanwaltschaft erstrecken; vgl. die Verhandlungen des 45. Deutschen Juristentages (Karlsruhe 1964), wo dennoch das Gutachten von *Nowakowski* (Bd. 1 Teil 2), das Referat von *Schwalm* (Bd. 2 Teil D S. 7 ff.) und mehrere Diskussionsredner für die Bindung eintraten, gestützt auf BGHSt 15, 155 (158 ff.); anders das Referat *Herrmann* Bd. 2 Teil D S. 41 ff. und insb. der Beitrag von *Lüttger* S. 69 ff. (74), sowie *Sarstedt* NJW 1964, 1752 (insb. 1756).
[130] § 27 I DAG.
[131] Art. III Abs. I; ähnlich schon § 47 I MSchG. *Maetzel* NJW 1968, 1461 (1462) spricht hier von „Externbindung" im Gegensatz zur „Internbindung" bei den Großen Senaten.

2. bb) Negative Bindungswirkung durch Pflicht zur Divergenzvorlage 35

Rechtsentscheid des Bundesgerichtshofs oder eines Oberlandesgerichts zu einer Frage aus §§ 556 a - 556 c BGB. Alle Oberlandesgerichte bzw. alle Landgerichte dürfen deshalb nur abweichen, indem sie die Divergenzfrage dem Obergericht vorlegen.

Diese Bindung unterscheidet sich wohl nicht nur zufällig von der Bindung in den Fällen bloßer Divergenzvorlage ohne ergänzende Grundsatzvorlage, wie sie vor allem § 121 II GVG und § 28 II, III FGG vorsehen. Hier haben die Oberlandesgerichte auch vorzulegen, wenn sie von der Entscheidung eines Gerichts gleicher Stufe, eines anderen Oberlandesgerichts abweichen wollen, während in Auslieferungssachen nur Divergenzen zum Bundesgerichtshof, in Mieterschutzsachen nur Divergenzen zu den zur Fällung des Rechtsentscheids zuständigen Gerichten zur Vorlage verpflichten. Das ist zwar im Mieterschutzgesetz noch anders; die Beschwerdestelle hat schon bei Abweichung von der ihr bekannten (!) Entscheidung einer anderen Beschwerdestelle den Rechtsentscheid einzuholen[132]. Aber die Einschränkung auf die „bekannte" Entscheidung zeigt auch die Grenzen solcher Koordination: Die Möglichkeit der Grundsatzvorlage führt zu einem solchen Netz von Grundsatzentscheidungen und erleichtert dem Obergericht so sehr, die Rechtsprechung zu beeinflussen, daß die Vorlage wegen Divergenz zu einem gleichrangigen Gericht entbehrlich wird. Die Entscheidung der Rechtsfrage dient somit nicht mehr in erster Linie der Koordination von Gerichten gleicher Stufe, sondern der Anleitung und Festlegung des unteren Gerichts durch das obere. Die Grundsatzvorlage drängt die Divergenzvorlage zurück. Sachproblematik[133] und Geschichte des Auslieferungsrechts wie des sozialen Mietrechts dürften diesen Befund bestätigen, der auf Möglichkeiten eines Funktionswandels der Rechtsprechung hindeuten könnte[134].

Dennoch bleibt die Bindung auch im Auslieferungs- und im Mieterschutzrecht insofern intern, als sie nicht die Rechtsuchenden, nur die

---

[132] § 47 I; KG JW 1925, 801 erstreckt die Vorlagepflicht sogar auf die Abweichung einer Kammer des LG von einer anderen; vgl. für die spätere abweichende Praxis bei der Vorlage nach § 28 II FGG KG JW 1927, 1161 (1162); *Keidel* FGG (9. Aufl. 1967), zu § 28 Rdnr. 21.

[133] Dazu einerseits *Bettermann* Das Wohnungsrecht als selbständiges Rechtsgebiet (1949), S. 30, 32; *Roquette* (zit. Fn. 78), zu Art. III 3. MietRÄndG Rdnr. 1, S. 142; *Schmidt-Futterer* NJW 1968, 919 mit Hinweis auf die Entstehungsgeschichte; andererseits *Mettgenberg/Doerner* (zit. Fn. 96) S. 71 f.

[134] Vgl. *Baur* ZZP 81 (1968), S. 158. Radikal kommt dieser Funktionswandel im sozialistischen Rechtssystem zum Ausdruck, vgl. Art. 93 II der DDR-Verfassung v. 6. 4. 1968 (GBl. I S. 192): „Das Oberste Gericht leitet die Rechtsprechung der Gerichte auf der Grundlage der Verfassung, der Gesetze und anderen Rechtsvorschriften der Deutschen Demokratischen Republik. Es sichert die einheitliche Rechtsanwendung durch alle Gerichte." Dazu der kennzeichnende Kommentar in: Verfassung der DDR. Dokumente. Kommentar, hrsg. von *Sorgenicht* u. a. (1969), Bd. 2 S. 448 f.; aus westlicher Sicht etwa *Schattenberg* Prinzipien der Gerichtsverfassung in der „DDR" (Diss. Köln 1969), insb. S. 87 ff.

Gerichte erfaßt, und auch unter diesen nicht alle im Rechtszug[135] dem Gericht, das die Vorlagefrage entscheidet, untergeordneten, sondern nur die zur Divergenzvorlage berechtigten. Das spielt zwar im (eininstanzlichen) Auslieferungsverfahren keine Rolle. Wohl aber darf in Mietrechtsstreitigkeiten ein Amtsgericht von einem Rechtsentscheid, der in einer anderen Sache[136] ergangen ist, abweichen. Es muß zwar damit rechnen, daß das Landgericht das Urteil abändert und daß es die Berufung nicht ohne Vorlage zurückweisen darf; aber es kann hoffen, daß kein Rechtsmittel eingelegt wird, oder daß das Berufungsgericht einen neuen Rechtsentscheid einholt und das Oberlandesgericht seine Auffassung ändert.

bc) Etwas weniger eindeutig ist die negative Bindungswirkung über den Fall hinaus im *Recht der Europäischen Gemeinschaften*, da hier die Vorlagepflicht nicht primär auf dem Divergenzprinzip beruht. Dennoch wirkt das Urteil des Europäischen Gerichtshofs im Ergebnis ähnlich: Einerseits fehlt eine generelle Bindungswirkung im Sinn des § 31 BVerfGG[137]; im Gegenteil hält der Europäische Gerichtshof die Wiederholung einer Vorlage in einer anderen, aber rechtlich gleich gelagerten Sache als Anlaß zur Neuüberprüfung einer früheren Auslegungsentscheidung für „nicht nur normal, sondern sogar wünschenswert"[138]. Das dürfte im wesentlichen auch für Vorabentscheidungen über die Gültigkeit von Handlungen der Organe der Gemeinschaften gelten[139]. Andererseits steht

---

[135] So die Überschrift zu Art. III 3. MietRÄndG, obwohl es sich eben nicht um einen *Rechtsmittelzug* handelt, vgl. *Roquette* a.a.O. S. 140 f.

[136] Dagegen ist es in der gleichen Sache im Fall der Zurückverweisung durch das Landgericht gebunden, vgl. oben 1a und Fn. 77, 78. *Roquette* a.a.O. zu Art. III 3. MietRÄndG Rdnr. 18 ist freilich zuzugeben, daß das Amtsgericht (faktisch) abweichen *kann* und daß auch dann sein Urteil rechtskräftig wird, wenn kein Rechtsmittel eingelegt wird; aber das ändert nichts an der rechtlichen Bindung.

[137] Vgl. *Gutsche* Die Bindungswirkung der Urteile des EuGH (1967), insb. S. 118 ff.; *Matthies* Die Bindungswirkung der Urteile des Gerichtshofes der Europ. Gemeinschaften, in: Probleme des Europäischen Rechts, Festschrift für *Hallstein* (1966), S. 304 (313 ff.).

[138] So EuGH 14, 215 (240: Generalanwalt); ähnlich 9, 63 (81).

[139] Vgl. Art. 184 EWGV, der ebenfalls nur eine inzidente Feststellung der Unanwendbarkeit vorsieht, dazu *Ehle* (zit. Fn. 75) zu Art. 184 Rdnr. 15 f. m. w. Nachw. Wie im Text *André* in: Einführung in die Rechtsfragen der europ. Integration (1969), S. 67 (74); *Daig* EuR 1968, 259, 371 (387 f.); *Dumon* (zit. Fn. 95) S. 360 f.; *Wefelmeier* Der internationale und der europ. Gerichtshof (Diss. Köln 1968), S. 127; *Zuleeg* (zit. Fn. 95) S. 375 f. m. w. Nachw. und überzeugender Begründung; dagegen für generelle Wirkung des ungültig erklärenden Urteils *Ehle* a.a.O. zu Art. 177 Rdnr. 78; *Tomuschat* (zit. Fn. 95), S. 174 ff., 189; *Gutsche* a.a.O. S. 208, 215 ff.; *Ule* in: Verhandlungen des 46. DJT Bd. I 4 (1966), S. 119; wohl auch *Schumann* ZZP 78 (1955), S. 77 (126); *Matthies* a.a.O. S. 320 f., denen freilich einzuräumen ist, daß die faktische Normklärung eine Revision des Präjudizes praktisch ausschließen wird. Aber da hier eine förmlich bindende Vorschrift fehlt, dürfte es sinnvoll sein, die Bindung nicht rechtlich zu zementieren, vgl. oben a).

die Umschreibung der Vorlagevoraussetzungen auch nach den Römer Verträgen der Abweichung von früheren Vorabentscheidungen des Europäischen Gerichtshofs entgegen. Will ein vorlagepflichtiges Gericht (Art. 177 III EWGV / Art. 150 III EAGV / Art. 41 EGKSV) von der Vorabentscheidung in einer früheren Sache abweichen, so wird keinesfalls die Abweichung fraglos, zumindest die Frage nach der erneuten Auslegung zu stellen und daher die erneute Vorlage geboten sein[140]. Selbst daß eine Partei des Ausgangsverfahrens darauf dringt, ist nicht erforderlich[141]. Freier gestellt und theoretisch zur Abweichung befugt sind die zur Vorlage nur berechtigten Gerichte nach Art. 177 II EWGV / Art. 150 II EAGV. Aber auch sie müssen sich zumindest die Frage der Erforderlichkeit einer erneuten Vorabentscheidung stellen, was im Fall der Divergenzabsicht wohl in der Regel zur Vorlage führen wird (unten IV 5 b). Anders als die Amtsgerichte nach dem 3. Mietrechtänderungsgesetz (oben bb) sind sie unmittelbar in das Verfahren zur Vereinheitlichung der Rechtsprechung einbezogen.

c) Keine Bindungswirkung (§ 18 IV WBO)

Dagegen *fehlt* merkwürdigerweise jede (negative) *Bindungswirkung* über den Einzelfall hinaus den Entscheidungen, die der Wehrdienstsenat in wehrdienst- oder wehrdisziplinarrechtlichen Fragen *auf Vorlage eines Truppendienstgerichts* fällt[142], obwohl auch hier die Vorlagemöglichkeit an Stelle eines Rechtsmittels gegen den Beschluß des als einzige gerichtliche Instanz entscheidenden Truppendienstgerichts vorgesehen ist[143]. Ein Truppendienstgericht darf somit von einer anderen wehrdienst- oder wehrdisziplinarrechtlichen Entscheidung auch des Bundesverwaltungsgerichts abweichen, ohne die Divergenzfrage vorzulegen. Ob das auf der Annahme, bei Wehrgerichten sei die Befolgung obergerichtlicher Rechtsprechung selbstverständlich, oder auf einem Versehen beruht, oder ob der Gesetzgeber mit der Vorlage an den Wehrdienstsenat entgegen dem Wortlaut nicht ein Mittel zur Klärung von Grundsatzfragen, sondern eine bloße Entscheidungshilfe für die Truppendienstgerichte in schwierigen Fragen hat schaffen wollen, bleibt auch nach Einsicht in die spär-

---

[140] Vgl. *Matthies* a.a.O., S. 320; *Daig* EuR 1968, 285 ff.; insb. 287, 385 f., der auf die Tendenz vorlagepflichtiger Gerichte verweist, der Vorlage auch bei Vorliegen der Voraussetzungen aus dem Weg zu gehen; *Tomuschat* a.a.O. S. 190; *Schumann* ZZP 78, 108 f.; *Rahn* AWD 1969, 341 (342 f.); *Ule* a.a.O. S. 120. Die deutsche Rechtsprechung — so BGHZ 40, 135 (142 f.) — geht vielfach von der Bindung an die in einer anderen Sache ergangene Vorabentscheidung aus, ohne eine erneute Vorlage überhaupt zu erwägen, vgl. *Paetow* MDR 1967, 445 (447).
[141] *Tomuschat* a.a.O. S. 70 f.; *Schumann* ZZP 78, 109; vgl. unten IV 5 ab).
[142] § 18 IV WBO, auf den (seit dem ÄnderungsG v. 9. 6. 1961, BGBl. I S. 697) § 28 VI i. Vrb. m. § 30 Nr. 3, 6 WDO verweist.
[143] § 18 II 5 WBO, vgl. *Oetting* Das Beschwerderecht des Soldaten (1966), S. 103.

lichen Materialien[144] unerfindlich. Ein Blick in die Judikatur beweist, daß es bei den Vorlagen sehr wohl um Grundsatzfragen geht[145] — man denke an Fragen wie ob der Truppendienstrichter die Angemessenheit von Art und Höhe von Arreststrafen nachzuprüfen hat[146] oder ob ein militärischer Befehl unter bestimmten Umständen wegen Lebensgefahr unverbindlich ist[147]. Daß die Truppendienstgerichte von solchen Entscheidungen ohne Vorlage abweichen dürfen, obwohl gegen ihre Beschlüsse in den zur Vorlage berechtigenden Verfahren kein Rechtsmittel gegeben ist, verträgt sich weder mit Prinzipien einer gleichmäßigen noch einer in sich überzeugenden Rechtsprechung.

---

[144] Der Entwurf der WBO, BT-DrS II/2359, § 19 III, mit Begründung S. 15 f., ging davon aus, daß die Regelung der damaligen Fassung der BDO (§ 42 II i. d. F. v. 28. 11. 1952, BGBl. I S. 761) entspreche, übersah aber, daß dort in Abs. 1 auch eine Divergenzvorlage vorgesehen war; im Ausschußbericht (zu BT-DrS II/2982) fehlt jeder weitere Hinweis. Auch bei der Übertragung der Bestimmung auf das Wehrdisziplinararrecht unterblieb jede weitere Erörterung, vgl. BT-DrS III/2213, S. 18.
[145] Was auf die Vorlage hin auch überprüft wird, vgl. unten IV 1 aa).
[146] BVerwGE 33, 36.
[147] BDH 4, 181.

IV. Inhalt und Voraussetzungen der Zweifel

Von der nun festgestellten Funktion und Wirkung der Entscheidung her, die die Vorlegungsfrage beantwortet, lassen sich die Zweifel des erkennenden Gerichts und damit die außer der Entscheidungserheblichkeit geforderten Vorlagevoraussetzungen umschreiben.

1. Grundsatzvorlage an die Großen Senate und nach § 18 IV WBO

a) Voraussetzungen

Praktisch wortgleich sind die gesetzlichen Voraussetzungen der Grundsatzvorlage an die Großen Senate der obersten Gerichtshöfe des Bundes und an den Wehrdienstsenat gemäß der Wehrbeschwerdeordnung und der Wehrdisziplinarordnung geregelt[148]. Übereinstimmend wird hier gefordert, daß die Rechtsfrage grundsätzliche Bedeutung hat (aa), daß das erkennende Gericht die Vorlage zur Fortbildung des Rechts oder zur Sicherung einer einheitlichen Rechtsprechung für erforderlich hält (ab), und schließlich stellt zumindest der Wortlaut die Vorlage durch „Kann"-Bestimmungen in das Ermessen des erkennenden Gerichts (ac).

aa) Bei der *grundsätzlichen Bedeutung der Rechtsfrage* handelt es sich zunächst um einen Rechtsbegriff, der unbestimmt sein mag[149], aber durch die Praxis, vor allem zur Grundsatzrevision[150], präzise Konturen gewonnen hat, und der im Verfahren der Nichtzulassungsbeschwerde[151] der Nachprüfung im Rechtsmittelzug unterliegt. Grundsätzlich ist eine über den Fall hinaus[152], eine rechtssystematisch wichtige[153], eine sich häufig stel-

---

[148] § 137 GVG, § 45 II 2 ArbGG, § 43 SGG, § 11 IV VwGO, § 11 IV FGO, § 18 IV WBO; vgl. für die § 137 GVG nachgebildeten, inzwischen aufgehobenen Regelungen oben Fn. 23, 33, 34.

[149] Vgl. die Klagen über die Unbestimmtheit des Begriffs bei *Hanack* (zit. Fn. 4), S. 94 ff.

[150] Vgl. oben Fn. 55 und 56. Hierauf verweist auch *H. W. Müller* in: Staatsbürger und Staatsgewalt Bd. 2 (1963), S. 527 (544). Die einzige Abhandlung über „Die Grundsätzliche Bedeutung der Rechtssache", von *G. Müller* in: Beiträge zu Problemen des neuzeitlichen Arbeitsrechts, Festschrift für *Herschel* (1955), S. 159, befaßt sich denn auch fast ausschließlich mit der Grundsatzrevision.

[151] Oben II 2 und Fn. 60.

[152] So *Eb. Schmidt* Lehrkommentar, Bd. 3 (1960), zu § 137 GVG Rdnr. 5; *H. W. Müller* a.a.O. S. 545; vgl. auch BAG 13, 1 (3) und, neuestens, 20, 175 (180 ff.).

lende[154], eine für das soziale Leben, freilich nicht nur wirtschaftlich bedeutsame[155] Rechtsfrage. Alle diese Umschreibungen weisen darauf hin, daß die Vorlage in keinem Fall im Interesse der Parteien erfolgt, sondern ausschließlich den (sogleich zu erörternden) Zwecken der Grundsatzvorlage — der Fortbildung des Rechts oder der Sicherung einer einheitlichen Rechtsprechung — dient. Daher haben die Parteien keinerlei Anspruch auf die Vorlage[156] und ist gegen die Ablehnung der Vorlage durch das erkennende Gericht, anders als bei der Ablehnung der Revisionszulassung im Verwaltungsprozeß, kein Rechtsmittel gegeben[157]: Ob eine Rechtsfrage grundsätzliche Bedeutung hat, muß das erkennende Gericht entscheiden. Doch folgt daraus nicht, daß die Bejahung der Grundsätzlichkeit auch den *iudex ad quem* bindet. Denn da die Vorlage wegen Grundsätzlichkeit, anders als die Zulassung der Grundsatzrevision, nicht die Statthaftigkeit der Vorlage begründet, scheint mir im Gegensatz zur wohl herrschenden Lehre[158] denkbar, daß er die Grundsätzlichkeit überprüft[159], ebenso wie, in den erwähnten Grenzen, die Entscheidungserheblichkeit (oben III 1 ba).

ab) Doch hilft diese These wenig. Denn ob die zweite Voraussetzung der Vorlage, die *Erforderlichkeit zur Fortbildung des Rechts oder zur Sicherung einer einheitlichen Rechtsprechung*, gegeben ist, hängt nach

---

[153] So *Kleinknecht/Müller/Sax* Kommentar zur StPO, Bd. 2 (6. Aufl. 1966), zu § 137 GVG Anm. 2 a 2; ähnlich *Fischer* DRiZ 1960, 303 (304): nicht aus dem Spezialgebiet eines Senats, und BVerwGE 13, 90 (91): „die Rechtseinheit in ihrem Bestand zu erhalten oder die Weiterentwicklung des Rechts zu fördern."

[154] So *Schäfer* in: *Löwe/Rosenberg* StPO Bd. 2 (21. Aufl. 1965), zu § 137 GVG Anm. 2 a); ähnlich BAG 6, 65 (66 f.); kaum haltbar demgegenüber *Wieczorek* ZPO, zu § 137 GVG Anm. A I: „in der vorliegenden Sache von entscheidender Bedeutung"(!).

[155] So *G. Müller* (zit. Fn. 150), S. 160 ff. gemäß der Praxis des BAG, in Anknüpfung an BAG 1, 291 (294) insb. 8, 285 (289 f., wo freilich sogar von rein wirtschaftlicher Bedeutung die Rede ist); 8, 314 (316); 12, 15 (17).

[156] Vgl. *Hanack* (zit. Fn. 4), S. 370 ff.; vgl. dagegen oben II 2 und Fn. 60.

[157] Vgl. die Ablehnung eines entsprechenden Vorschlags in: Bericht der Kommission zur Vorbereitung einer Reform der Zivilgerichtsbarkeit (1961), S. 220 f. — Auch die auf Art 101 I 2 GG gestützten Verfassungsbeschwerden gegen unterlassene Vorlagen (vgl. unten Fn. 180) haben das BVerfG noch nicht zur Überprüfung der Grundsätzlichkeit einer Rechtsfrage veranlaßt; im Gegenteil wurde eine solche Prüfung in BVerfGE 19, 38 (44 ff.) ausdrücklich abgelehnt (zu § 64 AO a. F.); ebenso jetzt BVerfG NJW 1970, 2155.

[158] *Eb. Schmidt* zu § 137 GVG Rdnr. 6, *Schäfer* in: *Löwe/Rosenberg* zu § 137 GVG Anm. 2c, beide unter Berufung auf die amtl. Begründung (zit. Fn. 26), S. 59; *Baumbach/Lauterbach* ZPO (30. Aufl. 1970), zu § 137 GVG Erl. 1; BVerwGE 3, 143 und, dem folgend, die Kommentare zur VwGO.

[159] So die Praxis des BAG, auf Grund von E. 1, 291 (294), zwar offen gelassen in 3, 245 (247), aber eindeutig überprüft insb. in BAG 6, 149 (150); 8, 285 (290), 314 (316); 10, 65 (67); 12, 15 (16 f.); 13, 1 (2); vgl. *Ramm* JZ 1964, 494 (498); wie hier *Kleinknecht/Müller/Sax* zu § 137 GVG Anm. 2c und, mit Beschränkung auf Willkürprüfung, *Kleinknecht* StPO (29. Aufl. 1970), zu § 137 GVG Anm. 4. — Eingehende Prüfung jetzt auch in BAG 20, 175 (180 ff.).

dem klaren Wortlaut der Gesetze von der Auffassung des erkennenden Gerichts ab[160]. Die Frage kann auch kaum kognitiv überprüft, sondern nur volitiv bejaht oder verneint werden. Mögen die Fragen der Rechtsauslegung und der Rechtsanwendung noch so sehr in die Rechtsfortbildung übergehen[161]; ob diese Fortbildung oder die Bindung der künftigen Judikatur als bewußte Festlegung, mit der spezifischen Bindungswirkung einer Plenarentscheidung, erfolgen soll, ist eine von der Rechtfindung im Einzelfall klar zu trennende, wenn auch in Anwendung rechtlicher Begriffe zu treffende Entscheidung. Der Gesetzgeber überträgt sie dem erkennenden Gericht; daran ist der *iudex ad quem* gebunden. Zugleich aber zerrinnt ihm damit die Nachprüfung, ob die Rechtsfrage grundsätzlich ist; denn welche Rechtsfortbildung, welche Sicherung vor künftigen Divergenzen wäre nicht grundsätzlich bedeutsam[162]?

ac) Drittens spricht die Formulierung der Normen über die Grundsatzvorlage als „Kann"-Bestimmungen für freies *Ermessen* des erkennenden Gerichts, ob es vorlegen will. Die amtliche Begründung zu § 137 GVG[163] bestätigt diesen Befund:

> „Zwar ist nicht zu verkennen, daß es unter Umständen erwünscht sein mag, das Reichsgericht erst dann zur Entscheidung auf den Plan zu rufen, nachdem eine zweifelhafte Rechtsfrage in der Rechtsprechung der unteren Gerichte und in der Rechtslehre eingehend erörtert worden ist. Diesem Bedürfnis genügt die Vorschrift in der Weise, daß sie die Anrufung des Großen Senats in das Ermessen des erkennenden Senats stellt."

Die Vorlage soll also nicht in jedem Fall erfolgen, wenn die Tatbestandsvoraussetzungen des § 137 GVG gegeben sind, sondern auch dann nur, wenn der erkennende Senat auf Grund des vorliegenden Stands von Dogmatik und Praxis für zweckmäßig[164] hält, die erforderliche Rechtsfortbildung mit Bindungswirkung festlegen zu lassen, eine bestimmte Praxis zu zementieren.

b) *Vereinbarkeit mit Art. 101 I 2 GG?*

Dieser Befund macht aber die Frage unabweisbar, ob eine solche Ermächtigung zu freier Zuständigkeitsverschiebung noch mit dem ver-

---

[160] Arg. „nach seiner Auffassung". So — nach anfänglichem Zögern in BAG 1, 291 (294); 3, 245 (247) — auch das Bundesarbeitsgericht seit BAG 6, 149 (150) in st. Rspr. bis 13, 1 (2); ebenso *Kleinknecht/Müller/Sax* zu § 137 GVG Anm. 2c.

[161] Vgl. die Nachweise oben Fn. 128; ferner *Kriele* Theorie der Rechtsgewinnung (1967), insb. S. 243 ff. (249); *Betti* Allgemeine Auslegungslehre als Methodik der Geisteswissenschaften (1967), insb. S. 630 f.

[162] Ebenso *Kleinknecht/Müller/Sax* zu § 137 GVG Anm. 2c; *Eb. Schmidt* zu § 137 GVG Rdnr. 5.

[163] Zit. oben Fn. 26, S. 59.

[164] Vgl. das verwandte Problem des § 2 II StAnpG und dazu BFH 55, 277 (281).

IV. 1. Inhalt und Voraussetzungen der Zweifel: Grundsatzvorlage

fassungsrechtlichen Gebot fester Zuständigkeitsordnung, der *Garantie des gesetzlichen Richters vereinbar* ist[165].

ba) Weniger die Möglichkeit des Mißbrauchs der Grundsatzvorlage im Einzelfall[166] ist problematisch als die *mangelnde Bestimmtheit der Regel,* nach der das erkennende Gericht zu entscheiden hat, ob es vorlegen muß. Nach dem verfassungsrechtlich garantierten Gesetzesvorbehalt für die richterliche Zuständigkeitsordnung[167] „muß sich der für den Einzelfall zuständige Richter möglichst eindeutig aus einer allgemeinen Norm ergeben"[168]. Soweit eine abschließende normative Bestimmung des Richters nicht möglich ist, wie bei der personellen Besetzung der Gerichte[169], und soweit aus besonderen Gründen darauf verzichtet werden muß, wie bei der beweglichen Zuständigkeitsverteilung in Strafsachen[170], muß das Gesetz bestimmte Kriterien aufstellen, aus denen sich die Zuständigkeitsverteilung für den Einzelfall ergibt. Das Bundesverfassungsgericht trägt freilich praktischen Schwierigkeiten Rechnung und stellt an solche Kriterien keine zu scharfen Anforderungen[171]. Daher ist die Grundsätzlichkeit der Rechtsfrage ein Kriterium, an das eine Vorlage ebenso anknüpfen darf wie die Zulassung eines Rechtsmittels[172]. Auch die Erforderlichkeit der Rechtsfortbildung oder der Sicherung der Rechtsprechungseinheit lassen sich wohl noch als Maßstäbe verstehen, die das erkennende Gericht einer Rechtsentscheidung zugrunde legen kann. Wenn ihm aber unter diesen eben noch bestimmbaren Voraussetzungen echtes Hand-

---

[165] Die Frage ist, soweit ersichtlich, bisher einzig von *Maetzel* MDR 1966, 453 f. beiläufig gestellt worden.

[166] Wo der Mißbrauch kaum je nachzuweisen sein wird und der Mißbrauchstatbestand durch die bundesverfassungsgerichtliche Willkürschranke (Nachweise bei *Leibholz/Rinck* zu Art. 101 GG Rdnr. 6, aus neuester Zeit etwa BVerfGE 27, 297 [304]; Begründung bei *Kern* Der gesetzliche Richter [1927], S. 185 ff.; *Rinck* NJW 1964, 1649 ff., vgl. auch *Chr. Böckenförde* DöV 1968, 566 f.) mangels normativer Kriterien auch nicht weiter konkretisiert wird, vgl. die Kritik *Bettermanns* AöR 94 (1969), S. 263 (285).

[167] Dazu *Bettermann* AöR 94, 289 ff. und in: Die Grundrechte Bd. III 2 (1959), S. 523 (544 f., 566); ferner die neueren Dissertationen von *Gerleit* Das Recht des einzelnen auf seinen gesetzlichen Richter (München 1967); *Gottschalk* Das Recht auf den gesetzlichen Richter (Köln 1965); *Henkel* Der gesetzliche Richter (Göttingen 1968); *Marx* Der gesetzliche Richter (Köln 1967); grundlegend BVerfGE 2, 307 (319 f.); aus neuester Zeit etwa BVerfGE 27, 355 (362 f.).

[168] BVerfGE 22, 254 (258); entsprechend 6, 45 (50 f.); 9, 223 (226); 17, 294 (298 f.); 18, 65 (69); 19, 52 (59 f.); 20, 336 (344); 24, 33 (54); 25, 336 (346); 27, 18 (34).

[169] Etwa BVerfGE 18, 423 (425 ff.); 19, 52 (59 f. m. w. Nachw.); 23, 321 (325); 25, 336 (346 ff.).

[170] BVerfGE 9, 223 (226 ff.); 22, 254 (258 ff.).

[171] So gerade in den zu Fn. 169 und 170 zitierten Entscheidungen; vgl. die Kritik bei *Bettermann* AöR 94, 292 ff., 307 ff.; *Moller* MDR 1966, 100 ff.; *Hamann/Lenz* GG (3. Aufl. 1970), zu Art. 101 GG Anm. B 2c.

[172] So für die Grundsatzrevision BGH NJW 1965, 1965 und ZZP 80 (1967), S. 125 f. mit insoweit (S. 131) zust. Anm. von *Kuchinke;* BSG AP Nr. 1 zu Art. 101 GG; *Henkel* (zit. Fn. 167) S. 137 ff.

bb) Verfassungskonforme Auslegung kaum möglich

lungsermessen eingeräumt wird, so verletzt das den Gesetzesvorbehalt für die richterliche Zuständigkeitsbestimmung in entsprechender Weise, wie es den Gesetzesvorbehalt im Bereich der Grundrechte verletzt, wenn Erlaubnisvorbehalte vom völlig freien Ermessen der Behörde abhängig gemacht werden[173].

bb) Dagegen läßt sich einwenden, die Bestimmungen über die Grundsatzvorlage müßten, wie die Regeln über die bewegliche Zuständigkeitsverteilung in Strafsachen[174] *verfassungskonform interpretiert* werden. Schon da § 137 GVG 1950 in den Willen des Gesetzgebers aufgenommen[175] worden sei, die anderen Bestimmungen erst später erlassen worden seien, könne ihnen nicht der Sinn von 1935 unterstellt werden. Aber der Ermessensspielraum des zweifelnden Gerichts gehört notwendig zur Grundsatzvorlage in ihrer heutigen Form: Auslegung und Anwendung des geltenden Rechts führen zur Fallentscheidung, allenfalls zur Divergenzvorlage. Beides kann im Ergebnis eine Rechtsfortbildung bedeuten und hat die negative Bindungswirkung für die anderen Senate durch das Erfordernis der Divergenzvorlage bei künftigen Abweichungen zur Folge (oben III 2 ba). Nur wenn das erkennende Gericht die Rechtsfortbildung als solche hervorheben, die Bindung auch seiner eigenen künftigen Rechtsprechung gegenüber sichern will, entscheidet es sich für die Grundsatzvorlage[176]. Diese zusätzliche Entscheidung ist schwer normierbar, weil sie als weiteres Element zur gesetzlich normierten Entscheidung des Einzelfalls hinzutritt. Der Gesetzgeber hat sie bewußt nicht normiert, weil er keine *regelmäßige* Festlegung durch auch das erkennende Gericht bindende Präjudizien wollte (oben ac). Der Entscheidung liegt daher das Gesetz nicht als Maßstab, sondern als Ermächtigung zu einem Handeln zugrunde, das jedenfalls durch die gegenwärtigen Bestimmungen über die Grundsatzvorlage gesetzlich nicht eindeutig genug determiniert ist.

---

[173] BVerfGE 8, 71 (76 ff.); 20, 150 (158); zu dieser Parallele *Bettermann* AöR 94, 292 mit Fn. 75.

[174] BVerfGE 9, 223 ff. und 22, 254 ff.; ähnlich 25, 336 ff.

[175] Indem es als Anlage zum RechtsvereinheitlichungsG vom 12. 9. 1950 (BGBl. S. 455) neu verkündet, Art. 9 und BGBl. 1950 S. 513, nicht (wie sonst meist üblich) nur auf Grund des Gesetzes neu bekanntgemacht wurde, vgl. zu diesem Unterschied BVerfGE 8, 210 (213 f.) mit Nachweisen aus der Entstehungsgeschichte; 10, 185 (191 f.).

[176] Konsequent ist es dann auch, dem vorlegenden Gericht die Rücknahme der Vorlage zu gestatten. So *Schäfer* in: *Löwe/Rosenberg* StPO Bd. 2 (21. Aufl. 1965), zu § 137 GVG Anm. 4; *Eb. Schmidt* (zit. Fn. 152), zu § 137 GVG Rdnr. 7; *Hanack* (zit. Fn. 4) S. 332 f.; offen gelassen in BGHZ 13, 265. Demgegenüber ist es ebenso konsequent, bei der konkreten Normenkontrolle die Rücknahme der Vorlage nur unter bestimmten gesetzlichen Voraussetzungen — insb. wenn die Entscheidungserheblichkeit entfällt — zu ermöglichen: *Leibholz/Rupprecht* BVerfGG (1968), zu § 80 Rdnr. 33; *Sigloch* in: *Maunz* u. a. BVerfGG (1965 ff.), zu § 80 Rdnr. 282, 317, 322 - 325.

bc) Eine solche *Determinierung* könnte freilich im *Zweck der Revision* liegen, der eben primär in der Sicherung der einheitlichen Rechtsanwendung und der Rechtsfortbildung besteht[177]. Legitimiert er nicht den Vorstoß gegen Art. 101 GG, der ja gering ist, da nur eine Rechtsfrage, nicht der Fall selbst devolviert wird, und auch sie[178] nur innerhalb des zuständigen Gerichtshofs[179], an das zur Rechtsfindung am besten qualifizierte Gremium? Aber wenn nach der festen Rechtsprechung des Bundesverfassungsgerichts jede Abweichung von der rechtssatzmäßig festgelegten Zusammensetzung eines Spruchkörpers Art. 101 GG verletzt[180] und wenn die Großen Senate nach übereinstimmender Regelung in allen Gesetzen als gerichts*verfassungs*rechtliche Einrichtungen konzipiert sind[181], so können Zuständigkeiten auf sie nicht ohne Rücksicht auf Art. 101 GG verlagert werden. Und wenn die Großen Senate nur entscheidungserhebliche Rechtsfragen entscheiden dürfen, so bestimmt ihre Entscheidung notwendig die des Falles. Wenn schließlich das Grundgesetz einer richterlichen Rechtsfortbildung nicht im Wege steht[182], so deshalb weil und soweit als die Rechtsfortbildung durch Rechtsprechung erfolgt, die den Bestimmungen des 9. Abschnitts des Grundgesetzes konform ist, also dem Rechtsuchenden Rechtsschutz durch seinen gesetzlichen Richter garantiert: Einem objektiven Zweck dient die Revision *als* Rechtspre-

---

[177] Daß *Erich Schwinges* Grundlagen des Revisionsrechts (2. Aufl. 1960), die diese Funktion der Sachrevision am eindrücklichsten herausgearbeitet haben, im Jahr der Einführung der Grundsatzvorlage erschienen sind, dürfte kein reiner Zufall sein, bewirkte aber leider, daß *Schwinge* die Neuordnung der Plenarentscheidungen und der Bindungswirkung ausdrücklich aussparen mußte (Vorwort zur 1. Aufl.). Auch *Hanack* insb. S. 76 ff., 319, 332 argumentiert vom Zweck der Revision her; ähnlich, aber unklar *Wieczorek* ZPO Bd. 5, zu § 138 GVG Anm. A I. Nicht eindeutig auch *H. W. Müller* (zit. Fn. 150) S. 543 f.: Einerseits Funktionsbestimmung der Grundsatzvorlage durch den Rechtsfortbildungszweck, andererseits Betonung des freien Ermessens des erkennenden Gerichts.

[178] Abgesehen vom Fall des § 18 IV WBO.

[179] Mit dieser Überlegung sucht *Maetzel* MDR 1966, 453 (454) seine Bedenken zu zerstreuen.

[180] Vgl. die grundsätzlichen Ausführungen etwa in BVerfGE 2, 307 (319 f.); 4, 412 (416 f.); 21, 139 (145 f.); speziell zur Relevanz von Vorlagepflichten für die Einhaltung der durch Art. 101 I 2 GG gewährleisteten Zuständigkeitsordnung BVerfGE 3, 359 (363 f.); 6, 222 (223 LS 2); 9, 213 (215 [?]); 13, 132 (143); 17, 99 (104); 18, 441 (447); 19, 38 (43); 22, 254 (266); 23, 288 (319 f.) — freilich jeweils die Willkür im Einzelfall prüfend und entsprechend ohne praktische Relevanz, vgl. oben ba) und Fn. 166; ebenso jetzt BVerfG NJW 1970, 2155.

[181] Vgl. BGHZ 13, 265 (270): Der Große Senat vergleicht die durch die Vorlage geschaffene Situation der Rechtshängigkeit bei einer höheren Instanz. Zum Unterschied zwischen gerichtsverfassungsrechtlicher Vorlage und gerichtsverfahrensrechtlicher Aussetzung oben II 3.

[182] So mit Recht die Widerlegung *dieses* Einwands gegen die Grundsatzvorlage durch BGHZ 3, 308 (315 f.).

chung und innerhalb von deren verfassungsrechtlichen Grenzen[183]. Die obersten Gerichtshöfe bilden das Recht *durch* ihre Rechtsprechung, nicht *neben* ihrer Rechtsprechung fort. Deshalb verletzt der Gesetzgeber Art. 101 I 2 GG, wenn er es dem Handlungsermessen des erkennenden Gerichts überläßt, eine entscheidungserhebliche Grundsatzfrage einem anderen Spruchkörper vorzulegen.

c) Ergebnis: Verfassungswidrigkeit

Im Ergebnis sind daher § 137 GVG, § 45 II 2 ArbGG, § 43 SGG, § 11 IV VwGO, § 11 IV FGO, § 18 IV WBO und § 28 VI 2 WDO verfassungswidrig und nichtig.

ca) Zwar ist dem Gesetzgeber nicht verwehrt, eine Grundsatzvorlage vorzusehen. Aber die *Vorlagevoraussetzungen* müßten *gesetzlich determiniert* sein. Nach den bisherigen Regelungen sind sie das nicht, und eine genügende Festlegung, die den Gerichten trotzdem einen behutsamen Gebrauch erlaubt, dürfte schwer zu treffen sein. Daher liegt rechtspolitisch nahe, auf die Grundsatzvorlage zu verzichten[184]. Daß sie entbehrlich ist, zeigen die Regelungen, die der Fortbildung des Rechts und der Sicherung einer einheitlichen Rechtsprechung am unmittelbarsten zu dienen haben: die Vorlagen in der Verfassungsgerichtsbarkeit und an den Gemeinsamen Senat der obersten Gerichtshöfe des Bundes[185]. Wird die Divergenzvorlage ausgenützt, die in den letzten Jahren vertieft untersucht worden ist[186] und die an einen klar abgrenzbaren Tatbestand anknüpft, so bleibt auch die Koordination der richterlichen Rechtsschöpfung möglich.

cb) Die *praktische Handhabung* erweist sowohl die *Entbehrlichkeit* als auch die *Problematik der Grundsatzvorlage*. Einerseits zeigen die bisher veröffentlichten Entscheidungen der Großen Senate, daß die Grundsatzvorlage zwar zu Beginn der Spruchtätigkeit der obersten Gerichtshöfe

---

[183] Andernfalls müßte die Revisions- bzw. Vorlage-Entscheidung das Urteil in der Sache selbst unberührt lassen; damit wäre der Einwand der Richterentziehung ausgeschaltet. Zu dieser Lösung, der „cassation dans l'intérêt de la loi", vgl. (ablehnend) *Schwinge* (zit. Fn. 177) S. 216 ff.; sie wird angedeutet auch im Bericht der Kommission zur Vorbereitung einer Reform der Zivilgerichtsbarkeit (1961), S. 221.

[184] Ebenso *Maetzel* MDR 1966, 453 (454).

[185] Oben I 5 und Fn. 37/38; auch der Verzicht auf die Grundsatzvorlage in den oben Fn. 34 a. E. – 36 genannten Fällen scheint keine negativen Folgen gehabt zu haben.

[186] Vgl. außer den zitierten Arbeiten von *Hanack* und *H. W. Müller* vor allem *Sarstedt* Die Revision in Strafsachen (4. Aufl. 1962), der (S. 35 ff.) im Hinblick auf § 121 II GVG vor einer zu weitgehenden Beschränkung der Entscheidungsfreiheit des Fallrichters und einem „Leitsatzkult" warnt; dazu auch *Kriele* (zit. Fn. 161) insb. S. 273 ff.; etwa auch *Heidenhain* DöV 1969, 269 (272 mit Fn. 26).

IV. 1. Inhalt und Voraussetzungen der Zweifel: Grundsatzvorlage

des Bundes einen verhältnismäßig breiten Raum eingenommen, vor allem die rasche einheitliche Antwort auf Fragen des Verfahrens vor den obersten Gerichtshöfen ermöglicht[187], seither jedoch an Bedeutung stark verloren hat[188]. Das beruht jedenfalls nicht nur auf dem *horror pleni;* denn die Zahl der Divergenzvorlagen hat eher zugenommen[189]. — Andererseits potenziert das Nebeneinander von Grundsatz- und Divergenzvorlage die wegen der fakultativen Entsendung von Richtern der beteiligten Senate ohnehin verfassungsrechtlich sehr problematische[190] Zusammensetzung der Großen Senate. Denn bei der Grundsatzvorlage kann ein Richter des vorlegenden Senats, bei der Divergenzvorlage ein Richter jedes beteiligten Senats mit Stimmrecht im Großen Senat mitentscheiden[191]. Wie, wenn ein Senat, was vor allem beim Bundesgerichtshof häufiger vorzukommen scheint, den Großen Senat wegen Grundsätzlichkeit

---

[187] So vor allem beim BVerwG (vgl. E. 3, 143; 13, 247; wohl auch 5, 178; 12, 119); aber auch beim BAG (E. 3, 46; 6, 65; 6, 149), beim BSG (E. 1, 1; 6, 120) und beim BFH (E. 91, 213; 91, 393; 92, 188). *Fischers* Feststellung in DRiZ 1960, 303 (304), daß in Zivilsachen die Grundsatzvorlage besonders wichtig sei, erweist sich aus heutiger Perspektive nur noch bedingt als richtig.

[188] So entschied — jeweils nach der Veröffentlichung in den amtlichen Entscheidungssammlungen, soweit es sich daraus ersehen läßt (was insb. beim BVerwG manchmal nicht möglich ist) und soweit nicht wegen Divergenz *und* Grundsätzlichkeit vorgelegt wurde — der *Große Senat in Zivilsachen* bis BGHZ 13 (Mai 1954) 8, seither nur noch 3 Grundsatzvorlagen; der *Große Senat in Strafsachen* bis BGHSt 9 (Ende 1956, unter Einbeziehung des erst in 10, 94 veröffentlichten Beschlusses vom 7. 11. 1955) 6, seither nur noch 2 Grundsatzvorlagen; der *Große Senat des BAG* bis BAG 13, 1 (1962) 13 Grundsatzvorlagen, seither keine mehr; der *Große Senat des Bundesverwaltungsgerichts* bis BVerwGE 13 (1961) 3 (?) Grundsatzvorlagen, seither keine mehr (? vgl. 22, 281; aber alle anderen Entscheidungen des Großen Senats des Bundesverwaltungsgerichts, die möglicherweise auf Grundsatzvorlage hin ergingen, betrafen Fragen des Verfahrens vor dem Bundesverwaltungsgericht). Beim Bundessozialgericht verteilen sich die (freilich nur 7 oder 8) auf Grundsatzvorlage hin ergangenen Beschlüsse auf die Jahre 1955, 1957, 1961, 1963 (?) und 1969, wobei freilich auffälligerweise 3 Entscheidungen plötzlich wieder 1969 ergingen, während beim Bundesfinanzhof zur Zeit noch fast alle Beschlüsse des Großen Senats auf die (erst 1966 eingeführte) Grundsatzvorlage hin ergehen, immerhin die Zahl der Grundsatzvorlagen neuerdings schon rückläufig ist.

[189] Ermittlung der Zahlen wie in der letzten Fn.: *BGHZ* bis Bd. 13: 2 Entscheidungen auf Divergenzvorlagen, seither 5; *BGHSt* bis Bd. 9: 3 Divergenzentscheidungen, seither 9; *BAG* bis Bd. 13: keine, seither 1; *BVerwGE* bis Bd. 13: 5 (7?) Divergenzentscheidungen, seither 5 (6?); beim *BSG* stehen den 5 - 6 Grundsatzentscheidungen 8 - 9 Divergenzentscheidungen gegenüber. Nur beim BFH wurde in den vergangenen Jahren fast ausschließlich die Grundsatzvorlage benutzt, während doch bis 1965 die Divergenzvorlage durchaus genügt hatte — und daher auch in Zukunft wieder genügen könnte.

[190] Vgl. BFH 91, 393 (396 f.) m. Nachw.; *Bettermann* AöR 94, 310 f.; *H. W. Müller* (zit. Fn. 150) S. 546 f. — Anders § 41 V 2 SGG, § 3 Gesetz zur Wahrung der Einheitlichkeit der Rechtsprechung v. 19. 6. 1968 (BGBl. I S. 661); zur Vorgeschichte *Baur* JZ 1967, 84 (85).

[191] § 132 V 2 GVG, worauf § 45 III 3 ArbGG verweist, § 41 V 2 SGG, § 11 II 3 VwGO, § 11 II 2 FGO.

cb) Praktische Entbehrlichkeit und Problematik

und wegen Divergenz anruft[192]? oder wenn, wie beim Bundesarbeitsgericht vorgekommen, die Divergenz mangels Anfrage beim anderen Senat verneint, dagegen Grundsätzlichkeit angenommen wird[193]? oder wenn, wie kürzlich beim Bundesfinanzhof[194], Grundsatz- und Divergenzfrage zusammenhängen? oder wenn gar, wie in neuerer Zeit beim Bundesfinanzhof und beim Bundessozialgericht, ein Senat wegen Grundsätzlichkeit vorlegt, weil er an der bisherigen Rechtsprechung zweifelt, aber seine Zweifel nicht zum Divergenzwillen verdichtet[195]? In allen diesen Fällen wird die Berufung auf die Grundsatzvorlage jedenfalls nicht dazu führen dürfen, daß ein Senat, von dessen Rechtsprechung abgewichen werden soll, das Recht verliert, ebenfalls einen Richter zu entsenden: Die Divergenzvorlage muß die Grundsatzvorlage zurückdrängen[196]. Wenn insbesondere ein Senat, der mit der von einem anderen Senat früher entschiedenen Rechtsfrage befaßt ist, diese wegen Grundsätzlichkeit dem Großen Senat vorlegt[195], so mißbraucht er damit die Grundsatzvorlage zur Ausschaltung des Senats, der die Rechtsfrage zuerst behandelt hat: Der später befaßte Senat ist zunächst (negativ) gebunden und kann dieser Bindung, die bloßen Zweifeln und damit der Grundsatzvorlage entgegensteht, nur durch die Divergenzvorlage entgehen[197]. Soweit aber im Zu-

---

[192] So geschehen beim Großen Senat in Zivilsachen in 4, beim Großen Senat in Strafsachen (wo doch der gesetzliche Richter am wichtigsten ist!) in 9, auch beim Bundesfinanzhof in mindestens 2 Fällen.
[193] BAG 6, 65 (66 f.); vgl. dazu etwa *Henkel* (zit. Fn. 167) S. 140 ff.
[194] BFH 94, 124 (127); ähnlich schon BGHSt 8, 301 (303); 12, 220 f.
[195] BFH 92, 188 ff., dem prompt BSG 30, 167 ff. und 192 ff. folgen. Ebenso für die auslieferungsrechtliche Vorlage, bei der der Vorlagegrund die Zusammensetzung des die Vorlagefrage entscheidenden Senats freilich nicht beeinflußt, neuestens BGH B. v. 16. 10. 1970, 4 ARs 46/70.
[196] Richtig BFH 94, 128; theoretisch (aber ohne die Konsequenzen zu ziehen) auch 92, 188 (192), BSG 30, 167 (170) und 192 (194); vgl. auch BSG 29, 225 (227 ff.) und zum entsprechenden Problem im Fall einer Richterablehnung beim Bundesverfassungsgericht BVerfGE 20, 26 ff. — Im oben Fn. 193 zitierten Fall BAG 6, 65 war, wenn schon die Vorlage als Divergenzvorlage unzulässig war, der Rückzug auf die Grundsatzvorlage illegitim: ob eine Divergenz bestand, war ungeklärt; *wenn* sie bestand, war der Senat, von dessen Urteil abgewichen werden sollte, zu beteiligen; bestand sie nicht, so war die Vorlage unzulässig. Kaum haltbar auch BFH 98, 360 (361 f.): „Da die Ertragsteuersenate des BFH zu den aufgeworfenen Rechtsfragen keine einheitliche Meinung vertreten, durfte der I. Senat der Auffassung sein, daß die Fortbildung des Rechts und die Sicherung einer einheitlichen Rechtsprechung eine Entscheidung des Großen Senats erfordern" (nämlich auf Grundsatzvorlage!!).
[197] Der Gebrauch der Grundsatzvorlage an Stelle der Divergenzvorlage ist somit zunächst gesetzwidrig, weil er die negative Bindungswirkung der §§ 11 III FGO, 42 SGG mißachtet (das verkennt BSG 30, 169). Schon damit ist Art. 101 I 2 GG verletzt, denn die Frage, ob eine Divergenz vorliegt, ist (entgegen BFH 92, 193) als reine Rechtsfrage und Voraussetzung der Divergenzvorlage uneingeschränkt, nicht nur auf Willkür oder Unhaltbarkeit zu überprüfen (so auch BSG 30, 169). Aber die Verletzung dürfte sogar Willkür bedeuten; denn der vorlegende Senat nimmt seine Entscheidungsverantwortung nicht wahr (vgl. oben I 1) und schließt damit einen Richter des Senats, der die Rechtsfrage erstmals entschieden hat, von der Entscheidung im Großen Senat aus.

sammenhang mit einer Divergenzvorlage noch nicht höchstrichterlich geklärte Grundsatzfragen entscheidungserheblich sind, reicht die Möglichkeit für den Großen Senat aus, diese Fragen in den Gründen seines Beschlusses mit zu beantworten[198]. Praktische Schwierigkeiten dürften durch den Wegfall der Grundsatzvorlage daher kaum entstehen[199].

2. Grundsatzvorlage nach § 27 DAG

a) Keine Ermessensfreiheit des OLG

Dagegen ist die *Grundsatzvorlage* des über die Zulässigkeit der Auslieferung befindenden *Oberlandesgerichts* an den Bundesgerichtshof verfassungsmäßig. Zwar stellt auch § 27 I DAG darauf ab, ob das Oberlandesgericht die Vorlage zur Klärung einer grundsätzlichen Rechtsfrage für geboten *hält*. Aber obwohl damit die Bewertung durch das Oberlandesgericht für maßgeblich erklärt ist[200], dürfte ihm jedenfalls nach heutigen Auslegungsgrundsätzen ein bloßer — also begrenzter[201] — Spielraum bei der Beurteilung eingeräumt sein, ob die Vorlage erforderlich ist[202]. Denn bejaht das Oberlandesgericht dies, so *hat* es vorzulegen, anders als die Senate der obersten Gerichtshöfe in den vorher betrachteten Fällen: Der Sinn der auslieferungsrechtlichen Vorlage verlangt[203], daß Zweifel des erkennenden Gerichts rasch von Bundes wegen geklärt werden, und läßt die Behutsamkeit, mit der die Senate der obersten Gerichtshöfe die Grundsatzvorlage handhaben sollen, entbehrlich erscheinen.

b) Antragsrecht der Staatsanwaltschaft

Im Gegenteil sucht das Auslieferungsgesetz die Devolution von Grundsatzfragen zu fördern: zwar nicht durch Gewährung eines Rechtsmittels[204]

---

[198] Klassischer Fall: BGHZ 34, 99. Zur negativen Bindungswirkung solcher „bei Gelegenheit gemachter Rechtsausführungen", die in der Praxis freilich eher allzu häufig vorkommen, vgl. *Hanack* (zit. Fn. 4) S. 265 ff. Demgegenüber dürfte die Ermächtigung, die Entscheidung solcher Fragen zu verselbständigen, entbehrlich sein; § 67 (3) BVerfGG ist ein kaum übertragbarer Sonderfall.

[199] *De lege ferenda* für den Verzicht auf die Grundsatzvorlage auch *Maetzel* MDR 1966, 453 ff.

[200] Das ist unbestritten: *Mettgenberg/Doerner* (zit. Fn. 18) S. 400 f.; *Herlan* GA 1954, 113 (114); *Reisner* (zit. Fn. 18) S. 121; *Grützner* NJW 1954, 1021.

[201] Dazu statt aller *Schmidt-Salzer* Der Beurteilungsspielraum der Verwaltungsbehörden (1968), insb. S. 26 ff.

[202] Vgl. für die Grundsatzvorlage an die Großen Senate oben 1 aa) und Fn. 158/159. Entsprechend für Überprüfung des Begriffs der Grundsätzlichkeit einer auslieferungsrechtlichen Vorlage durch den Bundesgerichtshof BGH GA 1954, 117 (118); wohl auch BGHSt 22, 58 (61); dagegen *Herlan* GA 1954, 113 (114); *Grützner* NJW 1954, 1021 f.; *Mettgenberg/Doerner* a.a.O. S. 400; *Reisner* a.a.O. S. 121.

[203] Schon im Hinblick auf die Auslieferungshaft!

[204] Wie nach § 5 RHilfeG (oben Fn. 19), wonach allerdings der Generalstaatsanwalt entscheidet und der Rechtsschutz dem OLG obliegt — ohne Vorlage-

b) § 27 II DAG: Antragsrecht der Staatsanwaltschaft

gegen den Beschluß des Oberlandesgerichts, schon gar nicht für den Auszuliefernden, sondern durch das (oben III 1 bb erwähnte) *selbständige Recht der Staatsanwaltschaft* beim Bundesgerichtshof oder beim Oberlandesgericht, eine Vorlage an den Bundesgerichtshof zu beantragen, § 27 II DAG. In einem beim Oberlandesgericht anhängigen Verfahren über die Zulässigkeit der Auslieferung wird also durch eine nichtrichterliche Behörde die Zuständigkeit zur Entscheidung einer — entscheidungserheblichen! — Rechtsfrage verschoben: „Das staatsanwaltschaftliche Vorlagerecht entzieht dem bereits befaßten Oberlandesgericht die Entscheidung", sagt wörtlich eine der wenigen Schriften zum Auslieferungsgesetz[205] — und damit beim heutigen Verständnis des Art. 101 I 2 GG[206] wohl genug über die Verfassungswidrigkeit solchen Verfahrens. Denn anders als bei der Zuständigkeitsbegründung eines Gerichts durch Anklage der Staatsanwaltschaft nach den vom Bundesverfassungsgericht gerade noch verfassungskonform ausgelegten §§ 24 I Nr. 2, 25 Nr. 2c GVG[207] besteht hier schon die feste gesetzliche Zuständigkeit des Oberlandesgerichts. Es ist mit der Sache befaßt und hat, wenn es die Voraussetzungen für gegeben hält, Rechtsfragen dem Bundesgerichtshof vorzulegen. Somit greift die Staatsanwaltschaft, die die Vorlage erzwingt, gegen den Willen des Oberlandesgerichts in dessen richterliche Spruchtätigkeit ein und entzieht ihm die Entscheidung. Ein klarerer Fall der Richterentziehung ist kaum denkbar[208].

---

möglichkeit an den BGH, da weder § 121 II GVG noch § 29 I 2 (i. V. m. § 23 III) EGGVG einschlägig sind!

[205] *Reisner* a.a.O. S. 122; ähnlich *Mettgenberg/Doerner* a.a.O. S. 403.

[206] Anders noch in der Weimarer Zeit, als die herrschende Lehre recht- (d. h. gesetz-)mäßige Eingriffe in die gerichtliche Zuständigkeitsordnung durch Einzelakte auch von Exekutivbehörden, etwa echte Wahlrechte der Staatsanwaltschaft, akzeptierte, vgl. *Kern* (zit. Fn. 166) S. 186 f.; zurückhaltender etwa *Graf zu Dohna* Artikel 105, in: Die Grundrechte und Grundpflichten der RV Bd. 1 (1929), S. 110 (111 f.). Damit hat spätestens BVerfGE 9, 223 (226) gebrochen, vgl. *Bettermann* in: Die Grundrechte Bd. III 2, S. 563 f., und AöR 94, 278, 294 ff.; *Marx* (zit. Fn. 167) S. 123 ff.; ferner auch die Betonung der Stoßrichtung des Art. 101 I 2 gegen die Exekutive in BVerfGE 25, 336 (347).

[207] BVerfGE 9, 223; 22, 254; vgl. die Kritik durch *Burmeister* DVBl. 1969, 605.

[208] Mit Recht hat daher das Rechtsvereinheitlichungsgesetz vom 12. 9. 1950 (BGBl. S. 455) § 137 II GVG i. d. F. v. 28. 6. 1935 gestrichen, der ein entsprechendes Evokationsrecht des Oberreichsanwalts bei der Grundsatzvorlage an den Großen Senat vorsah, und haben die neueren Prozeßgesetze keine entsprechende Bestimmung aufgenommen. Immerhin rettete sich das Evokationsrecht außer in § 27 II DAG auch, aus dem Reichsdienststrafordnung (1937) übernommen, in die Fassung der BDO v. 28. 11. 1952 (BGBl. I S. 761), § 42 II 2, und fiel erst 1967 der Zusammenlegung von BDH und BVerwG zum Opfer (§ 55 I 2 BDO). Jene Rezeption hat schon *Maetzel* MDR 1966, 453 (455) zu Recht als verfassungswidrig herausgestellt. — Noch merkwürdiger berührt, daß immer wieder der Ruf nach Wiederherstellung des § 137 II GVG ertönt, etwa *Fränkel* DRiZ 1960, 353 (354); ja auf dem 45. DJT (1964) beinahe eine dahin gehende Entschließung angenommen worden wäre! Verhandlungen Bd. 2 (1965), Teil D, insb. das Referat *Schwalm* S. 68 These 11 (und S. 131/33); *Seidel* S. 113; *Nüse* S. 129; *Gallas* S. 68, 135, und die Auseinandersetzung um die dank Intervention *Sarstedts* unterlassene Beschlußfassung S. 135 ff. mit Bericht in Teil K, S. 10.

Selbst wenn man im Fall der Vorlage nach § 27 II DAG den Bundesgerichtshof die Grundsätzlichkeit der Vorlagefrage nachprüfen lassen wollte — wofür weder der Wortlaut von § 27 II DAG, noch die herrschende Auslegung von § 27 I DAG sprechen —, um die Staatsanwaltschaft richterlicher Kontrolle zu unterwerfen[209], bliebe der Makel der Kompetenzverschiebung bestehen; denn zumindest der Beurteilungsspielraum, der dem Oberlandesgericht eingeräumt ist, würde ihm entzogen, sei es zugunsten der Staatsanwaltschaft oder zugunsten des Bundesgerichtshofs. Auch damit läßt sich also das Evokationsrecht der Staatsanwaltschaft nicht retten.

Freilich ist deshalb § 27 II DAG nicht notwendig und völlig verfassungswidrig. Einmal ließen sich durch verfassungskonforme Auslegung, die mit dem Wortlaut gerade noch vereinbar ist, die Voraussetzungen des Abs. 1 auch auf Abs. 2 übertragen, so daß das Oberlandesgericht auch auf Antrag der Staatsanwaltschaft nur dann vorlegen müßte, wenn es die Grundsätzlichkeit (und Erforderlichkeit) im Sinn von Abs. 1 bejaht. § 27 II DAG hätte dann insoweit keine selbständige Bedeutung. — Ferner besteht, wie oben sub III 1 bb gezeigt, das Evokationsrecht der Staatsanwaltschaft gemäß § 27 II DAG auch außerhalb eines oberlandesgerichtlichen Verfahrens: dann und gerade dann darf die Staatsanwaltschaft aus eigener Initiative Rechtsfragen durch den Bundesgerichtshof klären lassen, ohne daß das Gesetz diese Vorlage an weitere Voraussetzungen knüpft; hier ist nicht einmal von Grundsätzlichkeit die Rede[210]. Insoweit stellt sich das Problem der Richterentziehung nicht. Wohl aber bleibt die Regelung rechtspolitisch und systematisch unbefriedigend[211].

3. Grundsatzvorlage im Mieterschutzrecht

Eindeutig sind seit der Neufassung vom 15. Dezember 1942[212] die *Zweifel* des erkennenden Gerichts in § 47 *MSchG* und jetzt in *Art. III 3. MietRÄndG* umschrieben: Liegt eine Rechtsfrage von grundsätzlicher

---

[209] Das stellen BVerfGE 9, 223 (226 ff., insb. 229 f.), 22, 254 (259 ff.) als entscheidenden Rechtfertigungsgrund für die bewegliche Zuständigkeitsregelung in Strafsachen heraus; ähnlich auch BVerfGE 18, 423 (428).

[210] *Herlan* GA 1954, 113 (114) und JZ 1966, 174 (175) gegen BGH GA 1954, 117 (118); wie *Herlan* auch BGHSt 20, 152 (153 f.).

[211] Oben III 1 bb und Fn. 108; vgl. auch *Herlan* GA 1954, 115, der aus dem Vorlagerecht des Staatsanwalts außerhalb des gerichtlichen Verfahrens für das Gericht und den Staatsanwalt während des Gerichtsverfahrens ein gleich umfängliches Vorlagerecht als angemessen ableitet. Da das, wie gezeigt, durch Art. 101 I 2 GG und § 27 I/III DAG ausgeschlossen und auch die Gutachten-Anfrage nicht problemlos ist, erscheint der ganze Fragenkreis dringend einer Überprüfung bedürftig.

[212] RGBl. I S. 712; im früheren Recht hatte die Verfahrensanordnung v. 19. 9. 1923 (RGBl. I S. 889), § 24, ermöglicht und die 2. Preußische Ausführungsverordnung v. 23. 10. 1923 (GS S. 485), § 1, vorgesehen, daß die Grundsatzvorlage im Ermessen des zweifelnden Gerichts stand.

3. im Mieterschutzrecht

Bedeutung vor — und zwar nach dem neuen Recht nur[213] aus dem Bereich der Sozialklausel —, die noch nicht durch Rechtsentscheid geklärt ist, so *hat*[214] das Landgericht den Rechtsentscheid des Oberlandesgerichts einzuholen. Hier steht nichts im Weg, daß das Oberlandesgericht, freilich einen gewissen Beurteilungsspielraum des Landgerichts berücksichtigend, die Grundsätzlichkeit der Rechtsfrage nachprüft[215] und ebenso, ob schon ein Rechtsentscheid über die Frage ergangen ist[216]. Aber auch hier ist diese Kontrolle einseitig. Denn wenn eine oder beide Parteien behaupten, die Vorlagevoraussetzungen lägen vor, und das Landgericht ihnen nicht folgt, so ist nach dem Gesetzeswortlaut und dem Willen des Gesetzgebers[217] kein Rechtsmittel gegeben. Das Gesetz begibt sich bewußt des Parteiinteresses als Garantie dafür, daß die Grundsatzfragen auch wirklich zum Rechtsentscheid kommen. Der Rechtsentscheid soll den Rechtsweg nicht verlängern, nur der Rechtsfortbildung, nicht dem Rechtsschutz dienen — eben das unterscheidet ihn von einem Rechtsmittel[218]. Hier wie bei den übrigen Grundsatzvorlagen und wie bei der Grundsatzrevision ohne Nichtzulassungsbeschwerde nimmt das Gesetz die falsche Entscheidung über die Erforderlichkeit des Rechtsentscheids in Kauf. Als Korrektiv dagegen, daß ein Rechtsentscheid zu Unrecht nicht eingeholt wird, könnte einzig die Verfassungsbeschwerde, gestützt auf die Verletzung von Art. 101 I 2 GG, in Betracht kommen. Daß das Bundesverfassungsgericht den Begriff der Grundsätzlichkeit auf willkürliche Aus-

---

[213] Damit wurde freilich die Bedeutung des Rechtsentscheids (wieder!) bedeutend ausgedehnt und auf die Zentralfragen des Mietrechts erstreckt, während der Anwendungsbereich nach §§ 37 ff., 47 MSchG sich nur auf die wenigen dem Amtsgericht als Mieteinigungsamt verbliebenen Zuständigkeiten nach §§ 28a - 31 MSchG (da auch die Befugnis nach § 4 II 3 gegenstandslos geworden ist, vgl. *Kiefersauer/Glaser* Grundstücksmiete [10. Aufl. 1965], zu § 4 MSchG Rdnr. 14) beschränkt. Vgl. die Darstellung der Entwicklung bei *Dräger* (zit. Fn. 13) S. 9 ff., 13; *Schmidt-Futterer* NJW 1968, 919.

[214] Also Rechtspflicht! So für § 47 MSchG *Kiefersauer/Glaser* a.a.O. zu § 47 MSchG Rdnr. 1, KG DR 1943, 939; für Art. III 3. MietRÄndG *Roquette* (zit. Fn. 78) zu Art. III Rdnr. 5; *Hans* (zit. Fn. 78) zu Art. III Anm. B 3b.

[215] So hier — im Gegensatz zu den anderen Grundsatzvorlagen (oben 1 aa) und Fn. 158/59, 2 a) und Fn. 202) — die herrschende Lehre, wohl auch, da ohnehin geprüft werden muß, ob sich die Rechtsfrage aus §§ 556a - 556c BGB ergibt, so: *Hans* zu Art. III Anm. B 4 c; *Schmidt-Futterer* NJW 1968, 920 (vgl. aber 922!); OLG Köln NJW 1968, 1834; OLG Hamm NJW 1968, 2339 f.; OLG Stuttgart NJW 1969, 240 und 1070; restriktiv *Rödding* NJW 1968, 2339; a. A. für § 47 MSchG *Kiefersauer/Glaser* a.a.O. Rdnr. 2; für Art. III 3. MietRÄndG wohl auch *Roquette* a.a.O. Rdnr. 7.

[216] In diesem Fall ist die Grundsatzvorlage unzulässig: Das Landgericht muß entweder durchentscheiden, oder seinen Divergenzwillen durch eine entsprechende Vorlage ausdrücken.

[217] Vgl. den Bericht des Rechtsausschusses *zu* BT-DrS V/2317, zu Art. IIa.

[218] Vgl. *Dräger* (zit. Fn. 13) S. 84; *Kiefersauer/Glaser* zu § 47 MSchG Rdnr. 2; *Roquette* zu Art. III 3. MietRÄndG Rdnr. 2; sehr kritisch insb. *Hans* zu Art. III 3. MietRÄndG Anm. B 3 c.

legung hin überprüft, erweist sich hier[219] aber nicht nur als praktisch aussichtslos[220], sondern auch als besonders sinnwidrig; denn wie soll es über Grundsätzlichkeit und Präjudizien im Bereich des sozialen Mietrechts befinden[220a]?

4. Zweifel im Sinn von Art. 100 II GG, § 86 II BVerfGG

a) *Grundsätzliche Überprüfbarkeit für das BVerfG*

Auch die *Zweifel* des erkennenden Gerichts als Voraussetzung von Vorlagen an das Bundesverfassungsgericht *nach Art. 100 II GG und nach § 86 II BVerfGG* und ihr Gegenstand sind als normative Voraussetzungen formuliert. Sind sie gegeben, *muß* das Gericht vorlegen. Daher war hier nie bestritten[221], daß der *iudex ad quem* auf die Vorlage hin überprüft, ob sie gegeben sind: Das Bundesverfassungsgericht hat etwa Vorlagen nach Art. 100 II GG für unzulässig erklärt, wenn es um die Geltung einer Völkerrechtsnorm im völkerrechtlichen Bereich, nicht als Bundesrecht ging[222], und Vorlagen nach § 86 II BVerfGG, wenn die Fortgeltung vorkonstitutionellen Rechts überhaupt, nicht die Geltung als Bundesrecht in Frage stand[223]. Ebenso hat es geprüft, ob die Vorlagefrage tatsächlich streitig bzw. zweifelhaft sei, und dabei zwei verschiedene Kriterien[224] entwickelt: Zeitweilig forderte es, daß das erkennende Gericht selbst zweifeln müsse, damit die Vorlagevoraussetzungen gegeben seien[225];

---

[219] Abgesehen von den grundsätzlichen Bedenken *Bettermanns*, AöR 94, 280 ff.

[220] Vgl. die Hinweise oben Fn. 157, 180.

[220a] Anders könnte es sich bei der oben I 6 erwähnten Grundsatzvorlage bei Streitigkeiten über die Vollstreckung eines bundesverfassungsgerichtlichen Parteiverbots nach § 32 IV 2 PartG verhalten. Aber auch diese Bestimmung, die die Vorlagepflicht an den Rechtsbegriff der grundsätzlichen Bedeutung knüpft, eröffnet (neben der allgemeinen und der auf Grund von BVerfGE 2, 139 f. in § 32 IV 3 PartG vorgesehenen besonderen Verfassungsbeschwerde) den Beteiligten des Ausgangsverfahrens keinen zusätzlichen Rechtsweg zum BVerfG, sondern gibt primär dem erkennenden Gericht eine Entscheidungshilfe (vgl. oben III 2 c): Das im Entwurf von 1959 (BT-DrS III/1509, § 30 IV 2) noch vorgesehene Antragsrecht des Bundesinnenministers, das ähnliche Probleme aufgeworfen hätte wie § 27 II DAG (oben 2 b), fehlt in der endgültigen Fassung.

[221] Vgl. oben 1 aa) mit Fn. 158, 159; 2 a) mit Fn. 202; 3 mit Fn. 215.

[222] BVerfGE 4, 319 (321).

[223] BVerfGE 1, 162 (166); 2, 341 (345 f.); 3, 354 (356) und 357 (359); 4, 214 (216 f.); 16, 329 (331).

[224] Auch *Leibholz/Rupprecht* zu § 86 BVerfGG Rdnr. 4 stellen in dieser Frage einen Wandel in der Rechtsprechung fest.

[225] So insb. BVerfGE 4, 358 (369 f.); 23, 113 (121); wohl auch 15, 25 (31); 16, 27 (32) und 276 (279 ff.). Dem folgen die in BVerfGE 23, 315 Zitierten, ferner insb. *Lechner* (zit. Fn. 53) zu § 86 II BVerfGG Anm. c) und zu § 13 Nr. 12 BVerfGG Anm. 4; *Schmidt-Bleibtreu/Klein* Kommentar zum GG (2. Aufl. 1970), zu Art. 126 Rdnr. 2; *Seidl-Hohenveldern* Völkerrecht (1. Aufl. 1965), S. 108 Rdnr. 424.

4. a) Überprüfbarkeit der Zweifel nach Art. 100 II GG, § 86 II BVerfGG

überwiegend ließ es genügen, daß das Gericht nur entscheiden könne, indem es sich zur Meinung eines Verfassungsorgans[226], zur Rechtsprechung eines oberen Bundesgerichts[227], zu einer Minderheit innerhalb des Gerichts[228], zu einer wesentlichen Meinung im Schrifttum[229] in Widerspruch setze[230]. Doch sagen diese Kriterien wenig. Denn regelmäßig[231] bejahte das Bundesverfassungsgericht damit Zweifel bzw. Streit, und nie[232] erklärte es eine Vorlage für unzulässig, weil es daran fehle: Es sagte nur, daß das erkennende Gericht die Vorlage in einer nicht völlig unstreitigen, zweifelsfreien Situation für erforderlich halten durfte.

Deshalb legte diese Rechtsprechung noch nicht fest, unter welchen Voraussetzungen das erkennende Gericht zur Vorlage verpflichtet ist und ob die Parteien einen Anspruch darauf haben. Ein solcher Anspruch liegt jedoch nahe[233]. Denn anders als bei den bisher betrachteten Fällen von Grundsatzvorlagen soll die Vorlage hier eine externe, gesetzeskräftige Bindung bewirken. Auch die Voraussetzungen dieser Bindung sollten daher mit externer, rechtlich durchsetzbarer Wirkung festliegen. Zumal es sich um eindeutig konkretisierbare, auch in Art. 93 I Nr. 1, 2 und 4 GG verwendete Rechtsbegriffe handelt, die verfassungsrechtlicher Natur, einer Überprüfung durch das Bundesverfassungsgericht zugänglich sind und, wie die angeführte Rechtsprechung beweist, vom Bundesverfassungsgericht tatsächlich ausgelegt werden. Dem Gericht ist also zu folgen, wenn es in einem neueren Beschluß vom 14. Mai 1968[234] erstmals klarzustellen sucht, wann die Zweifel — hier hinsichtlich einer Völkerrechts-

---

[226] So BVerfGE 7, 18 (23); 8, 186 (191 f.); 11, 89 (93); 17, 287 (291) (Abweichung von einem Landesverfassungsgericht); ähnlich 9, 153 (157) („in Wahrheit das Land Baden-Württemberg"); 23, 288 (319).

[227] So BVerfGE 8, 186 (191 f.); 17, 287 (291); ähnlich 23, 288 (319); so auch *Mann* SJZ 1950, 545 (547).

[228] So BVerfGE 7, 18 (24) entgegen 4, 358 (369 f.) — die Anrufung des Plenums unterblieb wohl, weil es sich beide Male um *obiter dicta* handelte. Ebenso *Friesenhahn* (zit. Fn. 53) S. 65.

[229] BVerfGE 7, 18 (23 f.); 11, 89 (92); 23, 113 (122) und 288 (319), wieder entgegen 4, 358 (369). So wohl auch *Tomuschat* ZaöRV 28 (1968), S. 48 (61 f.) durch Hinweis auf Art. 38 I Statut des Internationalen Gerichtshofs. *Kraus* in: Gegenwartsprobleme des internationalen Rechts. Festgabe für Laun (1953), S. 223 (225).

[230] Ferner kommt die Auffassung in Betracht, daß ein Streit bzw. ernsthafter Zweifel der Parteien genügt, vgl. die Nachweise in BVerfGE 23, 288 (316); *Hamann/Lenz* GG (3. Aufl. 1970), zu Art. 100 Anm. 11 (anders aber für § 86 II BVerfGG in Anm. zu Art. 126) und, zu § 86 II BVerfGG, *Geiger* BVerfGG (1952), zu § 86 Anm. 3.

[231] Ausnahme einzig das *obiter dictum* in BVerfGE 4, 358 (369 f.). Zur Problematik von BVerfGE 23, 288 (315 ff.) vgl. unten c).

[232] Im Fall BVerfGE 7, 59 (60) war die Frage in der Zwischenzeit geklärt, im Fall BVerfGE 16, 276 (279 ff.) fehlte die (Darlegung der) Entscheidungserheblichkeit, nicht der Zweifel.

[233] Vgl. *Geiger* zu § 83 BVerfGG Anm. 3; *Aubin* JZ 1954, 118 (120).

[234] BVerfGE 23, 288 (315 ff.).

IV. Inhalt und Voraussetzungen der Zweifel

norm — das erkennende Gericht zu einer Vorlage verpflichten[235], mag die Sanktion dieser Verpflichtung durch eine auf Art. 101 GG gestützte Verfassungsbeschwerde auch fragwürdig sein[236].

b) „Streitig" i. S. von § 86 II BVerfGG

Für die Qualifikation vorkonstitutionellen Rechts legt § 86 II BVerfGG eine weitgefaßte Vorlegungspflicht nahe, denn „in einem gerichtlichen Verfahren *streitig*" dürfte nach allgemeinem wie nach grundgesetzlichem[237] Sprachgebrauch das sein, worum die Parteien streiten. Dafür spricht auch die Entstehungsgeschichte: Nach längerer Debatte im Rechtsausschuß des Bundestags wurde entgegen unverbindlicheren Vorschlägen die jetzige Formulierung gewählt, weil man möglichst rasch möglichst viele Normqualifikationsfragen durch das Bundesverfassungsgericht geklärt wissen wollte[238]. Immerhin gab es schon damals Gegenstimmen[239], auch verfassungsrechtliche Bedenken im Hinblick auf Art. 126 GG[240], und die Rechtsprechung hat das — gewiß problematische — Recht einer Partei, durch Rechtsbehauptung eine Vorlage an das Bundesverfassungsgericht zu erzwingen, im Ergebnis beseitigt. Das Bundesverfassungsgericht erklärte in seinem wegleitenden Beschluß vom 30. No-

---

[235] So auch *Tomuschat* ZaöRV 28 (1968), S. 61; auch schon *Wengler* JZ 1965, 24.

[236] Wie *Bettermann* AöR 94, 285 ff., darlegt. Die Mißlichkeit zeigt sich gerade in BVerfGE 23, 320: Das BVerfG bezeichnet jede von seiner eigenen abweichende Auslegung von Art. 100 II GG als Richterentziehung, verbietet also sämtlichen Gerichten, die Vorschrift anders auszulegen und beansprucht für die Zukunft die volle Nachprüfung der Auslegung von Art. 100 II GG durch alle Gerichte (vgl. dazu *Burmeister* DVBl. 1969, 605 ff.). Auch bei weitester Auslegung von § 31 I BVerfGG (vgl. oben III 2a) ist das nicht haltbar; denn nicht die Auslegung von Art. 100 II GG, sondern die Feststellung, daß keine willkürliche Verletzung des Art. 101 I 2 GG vorlag, war tragender Grund der Abweisung der Verfassungsbeschwerde. Mit Recht zurückhaltender jetzt BVerfG NJW 1970, 2155 ff. (zu Art. 177 III EWGV).

[237] Art. 93 I Nr. 1, 4; dazu BVerfGE 20, 18 (23 f.) und, zur Abgrenzung, *Goessl* (zit. Fn. 80) S. 33 ff.; vgl. auch Art. 99, 100 I GG und dazu BVerfGE 1, 208 (218 f.); *Stern* (zit. Fn. 64) zu Art. 99 GG Rdnr. 28 f.; vgl. auch *Wengler* JZ 1965, 24.

[238] Deutscher Bundestag, Ausschuß für Rechtswesen und Verfassungsrecht, 1. WP 1949, Die Verhandlungen des (23.) Ausschusses... über das BVerfGG, VII. Teil, S. 21 ff., insb. die Vorschläge *Geiger* (S. 27; entsprechend dann *Geiger* BVerfGG zu § 86 Anm. 3) und *Arndt* (S. 30).

[239] In den zit. Ausschußberatungen insb. von *Laforet*, dem damaligen Vorsitzenden des Rechtsausschusses, und *Wahl* a.a.O. S. 31.

[240] Vgl. *Holtkotten* Bonner Kommentar, zu Art. 126 GG Anm. II 3 c; *Maunz/Dürig/Herzog* GG, zu Art. 126 Rdnr. 21; dagegen jetzt eindeutig (vgl. noch BVerfGE 4, 358 [369]) BVerfG JZ 1970, 411 f.; NJW 1970, 1363 f. (jetzt BVerfGE 28, 119 [134 f.]).

vember 1955[241], vielleicht bestimmt durch seine Überlastung[242], nur die Zweifel des erkennenden Gerichts für maßgeblich. Demgegenüber zeigte sich der Bundesgerichtshof vorlegungsfreudlicher und ließ auch ernsthafte wissenschaftliche oder innergerichtliche Kontroversen genügen[243]. Nachdem aber das Bundesverwaltungsgericht postuliert hatte, daß „so ernste Zweifel über die Fortgeltung bestehen, daß die Anrufung des Bundesverfassungsgerichts zur Wahrung der Rechtseinheit unerläßlich erscheint"[244], und dieses eine solche Auffassung honoriert hatte[241], änderten auch seine späteren die Vorlagen begünstigenden Entscheidungen[245] nichts mehr. Regelmäßig verneinen nun die oberen Bundesgerichte, daß Normqualifikationsfragen „streitig" seien[246], oder lösten sie, ohne die Vorlage auch nur zu erwägen[247]. Dadurch wurden Weichen gestellt, die heute, nachdem die Vielzahl der strittigen Fälle bereinigt ist[248], kaum mehr zurückgestellt werden können, gerade in einer so technischen Materie, in der die Rechtssicherheit nicht vernachlässigt werden sollte.

---

[241] BVerfGE 4, 358 (369 f.); vgl. zu den abweichenden, aber eben immer nur die Zulässigkeit, nie die Erforderlichkeit einer Vorlage darlegenden Äußerungen des BVerfG oben Fn. 226 - 229.

[242] Zuständig war der Erste Senat, der nach § 14 I BVerfGG ursprünglicher Fassung damals noch die volle Last aller Verfassungsbeschwerde- und Normenkontrollverfahren trug.

[243] So insb. BGHZ 5, 217 (237 ff.), wo dem Berufungsgericht für den Fall eines noch zu klärenden Sachstands die Vorlage an das BVerfG vorgeschrieben, somit der Zweifelstatbestand objektiviert wurde, und 11, 104 (110 ff.), wo die Vorlage nur daran scheiterte, daß die Gegenmeinung wissenschaftlich unhaltbar erschien. BGHSt 8, 245 (248 f.) erklärte noch sechs Wochen vor BVerfGE 4, 369 einen Streit innerhalb des Gerichts oder zwischen den Parteien für genügend.

[244] BVerwGE 2, 161 (162 f.).

[245] Insb. BVerfGE 7, 17 (23 f.); 8, 186 (191 f.); 11, 89 (93).

[246] So BVerwGE 10, 82 (87 ff.) in eingehender Auseinandersetzung mit den verschiedensten wissenschaftlichen Meinungen (dagegen *Friesenhahn* [zit. Fn. 53] S. 64 Fn. 193); 25, 55 (59 f.); BVerwG NJW 1968, 1842 (1843, insoweit nicht in BVerwGE 29, 261 abgedruckt).

[247] So etwa — jeweils in Auseinandersetzung mit möglichen Zweifeln — BVerwGE 15, 149 (151 f.: Änderung der Rechtsprechung!); BSG 13, 196 ff.; 15, 259 (261 f.); BGHZ 42, 70 ff.

[248] Nach dem Gesetz über die Sammlung des Bundesrechts v. 10. 7. 1958 (BGBl. I S. 437), § 3 I 2, i. V. m. dem Gesetz über den Abschluß der Sammlung des Bundesrechts v. 28. 12. 1968 (BGBl. I S. 1451), § 3, sind die nicht in BGBl. III veröffentlichten Vorschriften, die Bundesrecht geworden sind, (mit gewissen Ausnahmen) am 31. 12. 1968 außer Kraft getreten, so daß der Kreis der möglichen Qualifikationsfälle sehr zusammengeschrumpft ist und BVerfG JZ 1970, 411 zwar dogmatische Bedeutung, aber wenig praktische Auswirkungen mehr hat.

c) Zweifel i. S. von Art. 100 II GG

Schwieriger, durch Wortlaut und Entstehungsgeschichte nicht eindeutig festgelegt, durch die frühere Rechtsprechung[249] kaum erhärtet und doch von grundsätzlicher und praktischer Bedeutung auch für die Zukunft sind die Zweifel im Sinn von Art. 100 II GG.

ca) Das Bundesverfassungsgericht hat in E. 23, 288 (315 ff.) die Wendung „*ist* zweifelhaft" nach Art. 100 II GG der *subjektiven* Überzeugung des Gerichts von der Verfassungswidrigkeit eines Gesetzes in Art. 100 I GG konfrontiert und daraus ableiten wollen, es hänge nicht von der Meinung des erkennenden Gerichts ab und sei für das Bundesverfassungsgericht voll nachprüfbar, ob *objektiv* Zweifel beständen. Dadurch hat es mit begrüßenswerter Klarheit präzisiert, daß „Zweifel" als Rechtsbegriff objektiv, nicht als subjektiver Ermessensbegriff (vgl. oben 1 a) zu verstehen sind. Aber wenn es jenen Begriff der subjektiven Überzeugung des Gerichts von der Nichtigkeit eines Gesetzes[250] gegenüberstellt, so kann es daraus gerade nicht ableiten, daß es für die „Zweifel" auf subjektive Überzeugungen *außerhalb* (so wenig wie innerhalb) des Gerichts ankomme! Sondern die Argumentation des Bundesverfassungsgerichts muß dazu führen, den Rechtsbegriff der Zweifel auszulegen. Dazu bietet — neben einigen prozessualen Bestimmungen[251] — vor allem die Verfassung Anhaltspunkte; denn der Begriff des Zweifels ist dem Verfassungsprozeß als Antragsvoraussetzung bei der abstrakten Normenkontrolle nach Art. 93 I Nr. 2 GG geläufig. Hier hat eine lange, auf Erörterungen zur Weimarer Verfassung zurückgehende Auslegungsgeschichte[252] geklärt, daß Zweifel nur der Antragsberechtigten, nicht der vielzitierten Hamburger Senatorentöchter beim Tee[253], die Voraussetzung für den Normenkontroll-Antrag erfüllen. Wenn auch § 76 BVerfGG das Erfordernis wohl zu eng interpretiert hat, steht eine Ausdehnung auf Zweifelnde außerhalb der Antragsberechtigten heute kaum mehr zur Dis-

---

[249] Die oben Fn. 225 zitierten Entscheidungen, die zu Art. 100 II GG ergangen sind — BVerfGE 15, 25 (31); 16, 27 (32) und 276 (279 ff.) — erwähnen nur Zweifel *des Gerichts;* deutlicher folgen BFH 76, 824 (833 f.); 77, 258 (267); 79, 57 (70 f.) der Linie von BVerfGE 4, 358 (369 f.), während etwa BGHZ 18, 1 (9 f.) eine Vorlage gar nicht in Erwägung zieht. Zum Stand der Doktrin oben a) und die Nachweise dazu.

[250] Art. 100 I GG; hier ist die Überzeugung freilich nur insofern subjektiv, als das erkennende Gericht in einem bestimmten Sinn entscheidet, vgl. oben II 1.

[251] Vor allem § 80 IV 3 VwGO, § 69 II 2, III 1, IV 3 FGO, ferner etwa §§ 45 II 1, 47 I 2 Personenstandsgesetz.

[252] Zusammengefaßt bei *Babel* (zit. Fn. 40), S. 58 ff.

[253] *Morstein-Marx* AöR 45 (N. F. 6, 1924), S. 218 (221 Fn. 12); *Triepel* Streitigkeiten zwischen Reich und Ländern (1923), S. 67.

kussion[254]. Für Art. 100 II GG läßt sich Entsprechendes aus der auch dort anwendbaren[255] Verfahrensregelung von § 80 III BVerfGG ableiten: Ist der Antrag des erkennenden Gerichts unabhängig von der Rüge der Prozeßbeteiligten, so muß das erkennende Gericht selbst darüber befinden, ob die Frage zweifelhaft ist.

cb) Wenn das Bundesverfassungsgericht dennoch auf die Meinung von Verfassungsorganen, hoher deutscher, ausländischer oder internationaler Gerichte oder anerkannter Völkerrechtslehrer abstellen will, so deutet es in Wahrheit die Vorlage nach Art. 100 II GG von einer Vorlage des zweifelnden Richters in eine Divergenzvorlage[256] um. Freilich in eine Divergenzvorlage singulärer Art. Denn während die Pflicht zur Vorlage sonst bei Abweichung von Entscheidungen anderer Spruchkörper die Koordination innerhalb eines genau umschriebenen, meist sehr engen Kreises von Rechtsprechungsorganen anstrebt, verschwimmt dieser Kreis völlig, wenn, wie im Völkerrecht unausweichlich, Gerichte aller Staaten und wissenschaftliche Meinungen dazugehören sollen[257]. Einerseits bewirkt das, wie das Beispiel zeigt, daß eine Partei durch Vorlegung eines völkerrechtlichen Privatgutachtens[258] die Vorlage erzwingen, somit auch gegen den Willen des Gerichts und der Gegenpartei eine gerichtliche Zuständigkeit verschieben kann. Gewiß ist sie als Prozeßpartei nicht Adressat des verfassungsrechtlichen Verbots der Richterentziehung[259]. Aber eine Zuständigkeitsverschiebung auf Grund der — wenn auch substantiierten — Rechtsbehauptung einer Partei ist doch im deutschen Prozeß-

---

[254] So *Babel* a.a.O., insb. S. 60, 66, 89 These 5, gegen *Renck* JZ 1964, 249 (250); offen gelassen noch von BVerfGE 1, 184 (196); 6, 104 (110); deutlicher jetzt BVerfGE 21, 52 (53 f.). Vgl. auch *Lechner* zu § 13 Nr. 6 BVerfGG Anm. 6 b, zu 76 BVerfGG Anm. 4. Daß eine ausdehnende Interpretation durch Gesetz denkbar ist, hat für den Begriff „Meinungsverschiedenheiten" in Art. 126 GG jetzt BVerfG NJW 1970, 1363 f. dargetan — aber eben mit der Bekräftigung (sub B I 1 d), daß die „Meinungsverschiedenheiten" des Art. 93 I Nr. 2 GG solche der Antragsberechtigten sind.
[255] § 84 BVerfGG.
[256] So auch die Ausdrucksweise in BVerfGE 23, 288 (289 LS 2 b): „Ernst zu nehmende Zweifel bestehen dann, wenn das Gericht abweichen (!) würde..." Ebenso S. 317, 319.
[257] Vgl. die imposante Revue der Regierungs- und Gerichtspraxis sowie der Kapazitäten des Völkerrechts in BVerfGE 15, 25 (34 - 42); 16, 27 (33 - 61); 23, 288 (305 - 312).
[258] Dazu allgemein *Imboden* (zit. Fn. 2), S. 512 ff.; speziell die in BVerfGE 23, 288 (296 f.) zusammengefaßten Darlegungen des Gutachtens *Seidl-Hohenveldern* entgegen *Seidl-Hohenveldern* Völkerrecht (1. Aufl. 1965), S. 108 Rdnr. 424 (in der 2. Aufl., 1969, S. 111 Rdnr. 424, wird die Auffassung des BVerfG übernommen).
[259] *Bettermann* in: Die Grundrechte, Bd. III 2, S. 565. Ob sich diese These auch für den Staat als Prozeßpartei generell durchhalten läßt, ist freilich zweifelhaft. Vgl. etwa die Bedenken *Gerleits* (zit. Fn. 167) S. 128 ff.; anders *Marx* (zit. Fn. 167) S. 147.

recht ohne Beispiel, verfassungsrechtlich zumindest eine Beeinträchtigung der Gleichheit vor dem Richter[260]. Und diese Beeinträchtigung kann, andererseits, kaum verfassungslegitim und von Art. 100 II GG gefordert sein. Denn wenn jede Abweichung von höchstrichterlichen und wissenschaftlichen Sentenzen auf internationaler Ebene zur Vorlage verpflichtet, kann das erkennende Gericht nur noch Völkerrechtsregeln als Bundesrecht behandeln, die überall in der Welt allgemein *anerkannt* sind. Damit wäre die Auslegung des Art. 25 GG wieder bei der im Parlamentarischen Rat in vielfachen Diskussionen ausdrücklich abgelehnten Fassung[261] angelangt, die Art. 4 WV dem Völkerrechtsartikel gegeben hatte: Allgemeines Völkerrecht gälte in der Bundesrepublik nur noch, wenn es allgemein anerkannt oder in dem besonderen bundesverfassungsgerichtlichen Verfahren verifiziert wäre[262]. Das widerspricht dem Sinn von Art. 25 wie von Art. 100 II GG: Die *allgemeinen* Regeln des Völkerrechts gelten auf Grund ihrer Geltung in der Völkerrechtsgemeinschaft von Verfassungs wegen *ipso iure* als Bestandteil des Bundesrechts. Der Richter hat sie als solches anzuwenden, auch wenn sie nicht allgemein, speziell auch wenn sie nicht von einem Organ der Bundesrepublik Deutschland *anerkannt* sind[263]. Anders als nach Art. 100 I, hat das Bundesverfassungsgericht nach Art. 100 II GG kein Monopol. Deshalb darf, ja muß der erkennende Richter Zweifel über Völkerrechtsfragen zunächst in gleicher Weise klären wie alle Zweifel bei der Rechtsfindung und Rechtsanwendung: *iura novit curia*[264].

cc) Diese Stellung des deutschen Richters gegenüber den allgemeinen Regeln des Völkerrechts bestimmt die Auslegung des Art. 100 II GG. Der Richter kann bei der Anwendung der Völkerrechtssätze nicht darauf abstellen, ob sie von den Organen der deutschen auswärtigen Gewalt anerkannt werden oder nicht[265]. Er muß aber die allgemeinen Regeln des Völkerrechts *als Bestandteil des Bundesrechts* anwenden, nicht etwa als

---

[260] Vgl. *Bötticher* Die Gleichheit vor dem Richter (1954); daß dieses Problem nach wie vor nicht genügend erforscht ist, stellt *Bettermann* NJW 1970, 27 heraus.

[261] Nach einer Kontroverse, die die ganze Diskussion der Bestimmung beherrschte, zusammengefaßt in JöR 1 (1951), S. 229 ff.; zur Bedeutung dieses Entscheids *Mann* SJZ 1950, 545 (547).

[262] Der Anspruch auf ein solches „Verifikationsmonopol" (als Gegenstück zum Verwerfungsmonopol nach Art. 100 I GG) klingt an in BVerfGE 23, 317 f.

[263] *Maunz/Dürig/Herzog* GG, zu Art. 25 Rdnr. 17; *von Mangoldt/Klein* GG (2. Aufl. Nachdruck 1966), zu Art. 25 Anm. III 1; *Menzel* in: Bonner Kommentar, zu Art. 25 GG Anm. II 2; vgl. auch *Mosler* Das Völkerrecht in der Praxis der deutschen Gerichte (1957), S. 30 ff.; *Münch* JZ 1964, 166.

[264] Auf diesen Grundsatz stützt sich vor allem *Stern* in: Bonner Kommentar (Zweitbearbeitung), zu Art. 100 GG Rdnr. 235.

[265] *Mann* SJZ 1950, 545 (554 ff.); *Mosler* (zit. Fn. 263) S. 45; *Kraus* (zit. Fn. 229) S. 235.

4. cd) Art. 100 II GG: Verfassungsbeschwerde bei Nicht-Vorlage

Tatsachen berücksichtigen. Daher scheidet auch der Ausweg aus, darüber Beweis zu erheben[266] oder die anderen Mittel zu gebrauchen, die § 293 ZPO zur Verfügung stellt[267]. Art. 25 GG reißt also eine Lücke in das übliche Instrumentarium richterlicher *Rechtsfindung*. In diese Lücke tritt die Vorlage an das Bundesverfassungsgericht: Es allein ist zuständig, Zweifel über Qualifikation und Tragweite von Völkerrechtsnormen zu klären; aber es ist nur zuständig, wenn das erkennende Gericht dazu nicht in der Lage ist.

Zweifelhaft im Sinn des Art. 100 II GG ist daher die Frage, ob eine Regel des Völkerrechts Bestandteil des Bundesrechts ist und ob sie unmittelbar Rechte und Pflichten für den einzelnen erzeugt, wenn das *erkennende Gericht* auf Grund seiner Rechtskenntnisse und der ihm zur Verfügung stehenden wissenschaftlichen Hilfsmittel *nicht* zu einer *eindeutigen,* für es selbst völlig überzeugenden *Bejahung oder Verneinung* kommt. Dann allerdings darf das Gericht nicht weitere Erhebungen anstellen, etwa Beweis erheben, Gutachten wissenschaftlicher Institute[268], Auskünfte von Verfassungsorganen oder Behörden einholen oder gar nach Beweislastregeln entscheiden, sondern es hat die Rechtsfrage dem Bundesverfassungsgericht vorzulegen.

cd) Diese Auslegung und Funktionsbestimmung des Art. 100 II GG macht die Vorlagepflicht von den Kenntnissen des erkennenden Gerichts im Völkerrecht, speziell in dem zu entscheidenden Fragenkreis abhängig[269] und *beschränkt* daher die Möglichkeit, den Verzicht auf eine Vorlage als *Richterentziehung* zu bewerten. Danach besteht auch *kein praktisches Bedürfnis*. Zunächst ist denkbar, daß deutsches Recht im Range unter dem Grundgesetz mit einer durch Art. 25 GG transformierten

---

[266] *Baumbach/Lauterbach* ZPO, Einführung zu §§ 282 - 294 Anm. 4 A; *Blomeyer* (zit. Fn. 63) S. 331, 333; *Rosenberg/Schwab* (zit. Fn. 71) S. 574 f.

[267] *Schumann/Leipold* in: *Stein/Jonas* (zit. Fn. 110) zu § 293 ZPO Anm. I 1; *Baumbach/Lauterbach* zu § 293 ZPO Anm. 1 A; zur beschränkten Möglichkeit für den Richter, über § 293 ZPO hinaus über den Bestand von Rechtssätzen Beweis zu erheben auch *Broggini* AcP 155 (1956), S. 469 (475 ff.); *E. Peters* Der sog. Freibeweis im Zivilprozeß (1962), S. 56 f., 179 ff.; *Kerameus* Die Entwicklung des Sachverständigenbeweises (1963), S. 59 f., die freilich alle auf die Probleme des Art. 25 GG nicht eingehen.

[268] Wie es der BGH im Fall BVerfGE 15, 25 (27) getan hat — um danach doch das BVerfG anzurufen. Dieses hat das Vorgehen nicht kritisiert; ebensowenig *Stern* (zit. Fn. 64) zu Art. 100 GG Rdnr. 240; *Mosler* (zit. Fn. 263), S. 45; *Münch* JZ 1964, 163 f.

[269] Daß dies von Nutzen sein kann, zeigen etwa BFH 76, 824; 77, 258; 79, 57 (zum letztgenannten Fall etwa *Laule* in: StRK-Anm. zu § 15 StAnpG R. 1): Die Fragen der Begrenzung der Abgabenhoheit (z. B. § 17 LAG) durch allgemeine Völkerrechtsregeln hängen aufs engste mit dem Doppelbesteuerungsrecht zusammen, zu dessen Beurteilung die Finanzgerichte fachlich in erster Linie kompetent sind, auch wenn in Zweifelsfällen letztlich das BVerfG entscheiden muß.

Völkerrechtsregel kollidiert und durch sie als die höherrangige Norm gebrochen wird. In einem solchen Fall ist das erkennende Gericht nicht nur bei Zweifeln durch Art. 100 II GG, sondern erst recht im Fall der Anwendung der Völkerrechtsnorm durch Art. 100 I GG zur Vorlage an das Bundesverfassungsgericht verpflichtet[270]. Allerdings wird meist — so im Kollisionsrecht — die Völkerrechtsregel als spezielle Norm die nationale verdrängen, ohne sie zu brechen[271], so daß nur eine Vorlage nach Art. 100 II, nicht nach Art. 100 I GG in Betracht kommt. Aber in diesem so wenig wie in jenem Fall verliert die Prozeßpartei, die sich auf eine allgemeine Völkerrechtsregel beruft, den Rechtsschutz durch das Bundesverfassungsgericht, wenn das erkennende Gericht von einer Vorlage absieht. Denn unterläßt es fälschlich die Vorlage, so verletzt es dadurch die Ansprüche der beschwerten Partei aus der Völkerrechtsnorm, aus Art. 25 und damit mittelbar aus Art. 2 I GG[272]. Eine darauf gestützte Verfassungsbeschwerde[273] kann ohne weiteres den Erfolg der an sich gebotenen Vorlage bewirken und der Völkerrechtsnorm ebenso zur Verifikation verhelfen, wie sie bei (nahezu) jeder unterbliebenen Normenkontrollvorlage die Normprüfung bewirkt. Der Unterschied besteht einzig darin, daß die auf Verfassungsbeschwerde ergehende Entscheidung nicht in die (in den Fällen der Völkerrechtsverifikation ohnehin fragwürdige[274]) Gesetzeskraft des § 31 II BVerfGG erwächst. So wenig daher ein Gericht verpflichtet ist, ein verfassungswidriges Gesetz tatsächlich für verfassungswidrig zu halten und nach Art. 100 I GG dem Bundesverfassungsgericht vorzulegen, ist es verpflichtet, im Hinblick auf Qualität und Tragweite einer Völkerrechtsnorm Zweifeln Raum zu geben und die Entscheidung des Bundesverfassungsgerichts nach Art. 100 II GG einzu-

---

[270] So wohl auch BVerfGE 23, 318, wo nur für den Fall der „Verdrängung" innerstaatlichen Rechts das Verfahren nach Art. 100 II GG für anwendbar betrachtet wird, während *Stern* zu Art. 100 GG Rdnr. 221 ff. neben den Fällen der Spezialität auch die der Brechungswirkung der Völkerrechtsnorm nach Art. 100 II behandelt wissen will, entgegen der bisherigen Literatur — etwa *Geiger* (zit. Fn. 230), zu § 83 BVerfGG Anm. 1; *Sigloch* (zit. Fn. 68), zu § 80 BVerfGG Rdnr. 151; *Mosler* (zit. Fn. 263) S. 47; *Friesenhahn* (zit. Fn. 53) S. 65; wohl auch *Lechner* (zit. Fn. 53), zu § 13 Nr. 12 BVerfGG Anm. 3; *Schlosser* ZZP 79 (1966), S. 164 (174, 197) — und dem Wortlaut.

[271] Vgl. oben Fn. 269. Von diesem Regelfall (der aber nicht der einzig denkbare ist) gehen *Stern* zu Art. 100 GG Rdnr. 224; *Friesenhahn* a.a.O. S. 65 sowie BVerfGE 23, 318 aus; widersprüchlich *Maunz/Dürig/Herzog* zu Art. 25 GG Rdnr. 25.

[272] So gemäß der Grundthese von BVerfGE 6, 32 (41), BVerfGE 23, 288 (300); daß die Verfassungsbeschwerde nicht unmittelbar auf Art. 25 GG gestützt werden kann, wie BVerfGE 6, 389 (440), 18, 441 (451) betonen, ist demgegenüber belanglos.

[273] Und, falls der Staat Prozeßpartei sein sollte, ohne insoweit grundrechtsfähig zu sein, u. U. ein Antrag auf abstrakte Normenkontrolle. Die Äußerungsmöglichkeit der Verfassungsorgane (§§ 77, 94 IV BVerfGG) ist also, entgegen BVerfGE 23, 318, in jedem Fall gesichert.

[274] Vgl. *Wengler* Völkerrecht Bd. I (1964), S. 467 Fn. 2; *Mosler* a.a.O. S. 47.

5. Vorlage zur Vorabentscheidung im Europarecht

holen. Der Begriff der Zweifel läßt sich objektivieren und präzisieren (oben ca - cc), aber nicht von der unvertretbaren Funktion des erkennenden Gerichts lösen, selbst das Recht zu finden.

5. Vorlage zur Vorabentscheidung im Europarecht

Die Umschreibung von Funktion und Inhalt der Zweifel bei der Vorlage zur Völkerrechtsverifikation wird durch einen Vergleich mit den Voraussetzungen der *Vorlage zur Vorabentscheidung im Europarecht*[275] bestätigt. Hier steht den Parteien des Ausgangsverfahrens außer im Rahmen der besonderen Zuständigkeiten des Europäischen Gerichtshofs für Streitsachen, an denen die Organe der Europäischen Gemeinschaften beteiligt sind[276], kein Rechtsweg zum Europäischen Gerichtshof offen. Soll die Auslegung des Gemeinschaftsrechts und die Nachprüfung des sekundären Gemeinschaftsrechts dem Europäischen Gerichtshof nicht völlig entgleiten[277], so müssen die Vorlagevoraussetzungen die Funktion übernehmen, die bei der Völkerrechtsverifikation der Verfassungsbeschwerde zufällt.

a) Infragestellung nach
Art. 177 III EWGV / 150 III EAGV, Art. 41 EGKSV

Daher schreiben *Art. 177 III EWGV / Art. 150 III EAGV* den einzelstaatlichen Gerichten, deren Entscheidungen nicht mehr mit Rechtsmitteln des innerstaatlichen Rechts angefochten werden können, die Vorlage zur Vorabentscheidung bereits für den Fall vor, daß die Frage der Auslegung von Gemeinschaftsrecht oder der Gültigkeit von Hand-

---

[275] Vgl. etwa *Wengler* JZ 1965, 24; *Wenner* AWD 1961, 64 (67); *Gaudet* in: Probleme des europäischen Rechts, Festschrift für Hallstein (1966), S. 202 (216); gegen einen solchen Vergleich ohne Begründung *Basse* (zit. Fn. 95) S. 205 Fn. 42.

[276] Art. 173 II, 178 - 181 EWGV entsprechend Art. 146 II, 151 - 153 EAGV. Dagegen räumt Art. 184 EWGV (Art. 156 EAGV) kein selbständiges Klagerecht ein, sondern setzt (wie Art. 36 III EGKSV) einen auf Grund der sonstigen Zuständigkeiten des Gerichtshofs anhängigen Rechtsstreit voraus: *Ehle* (zit. Fn. 75), zu Art. 184 EWGV Rdnr. 2, 7; *Riese* in: Probleme des europäischen Rechts, Festschrift für Hallstein (1966), S. 414 (419); *Bebr* Judicial Control of the European Communities (1962), S. 138 ff., 144. Diese Problematik ist insb. in den Verhandlungen des 46. DJT mit Gutachten von *Ule* Bd. I Teil 4 (1966) sowie den Referaten von *Börner* und *Matthies* Bd. II Teil G (1967) eingehend erörtert worden.

[277] Unterläßt das Gericht eines Mitgliedstaats fälschlich eine Vorlage zur Vorabentscheidung, so kommt zwar eine Klage der Kommission oder eines andern Mitgliedstaats nach Art. 169 f. EWGV in Betracht; aber diese Möglichkeit ist praktisch und — angesichts der richterlichen Unabhängigkeit — auch theoretisch ohne Wirkung, so auch *Daig* EuR 1968, 371 Fn. 116; *Ehle* AWD 1969, 41 (42). Zur innerstaatlichen Verfassungsbeschwerde als Korrektiv jetzt BVerfG NJW 1970, 2155.

lungen der Gemeinschaftsorgane, vor allem von sekundärem Gemeinschaftsrecht, „in einem schwebenden Verfahren ... gestellt" wird. Einer entsprechenden Vorlagepflicht unterliegen nach Art. 41 EGKSV alle einzelstaatlichen Gerichte, wenn in einem Verfahren die Gültigkeit sekundären Rechts der Europäischen Gemeinschaft für Kohle und Stahl in Frage gestellt wird[278]. Hier knüpft somit die Vorlagepflicht an einen äußeren Tatbestand an, der jedenfalls der Umschreibung nach in dem Sinn objektiviert (vgl. oben 4 ca) ist, daß er in keiner Weise von den Zweifeln des erkennenden Gerichts abhängt: Die — freilich erst recht subjektive — Parteiäußerung bewirkt die Verschiebung der Zuständigkeit zur Antwort auf die Gültigkeits- oder Auslegungsfrage[279]. Zunächst scheint es, daß weder das erkennende Gericht die Vorlage, noch der Europäische Gerichtshof die Vorabentscheidung mit der Begründung ablehnen kann, es beständen keine Zweifel.

Aber auch hier läßt sich die Beurteilung des erkennenden Gerichts nicht ausschalten. Abgesehen davon, daß es die Entscheidungserheblichkeit der Vorlagefrage prüft[280] und von einer Vorlage absehen kann[281], wenn der Europäische Gerichtshof in einem anderen Fall die Frage schon entschieden hat, bestimmt auch seine Auffassung, ob eine Vorlagefrage zweifelhaft ist: Die Vorlage ist als Form der Zusammenarbeit von Gerichten Aufgabe des Gerichts, nicht der Parteien[282].

aa) Einerseits kann daher nicht jede noch so unwahrscheinliche Auslegungsvariante, jedes noch so offensichtlich unbegründete Bedenken

---

[278] Zur Annäherung der Vorlagevoraussetzungen nach dem EGKSV an die des EWGV und des EAGV infolge der Angleichung des Rechts der 3 Gemeinschaften vgl. EuGH 10, 417 (430 f.); 15, 43 (50).

[279] Zur Problematik dieser Verschiebung vgl. oben cb) bei und in Fn. 258 - 260; zur Herkunft aus dem französischen Recht *Dumon* (zit. Fn. 95) S. 344 Nr. 953; *Auby/Drago* Traité de contentieux administratif Bd. 2 (1962), S. 271 Nr. 804 ff.; *de Laubadère* Traité élémentaire de droit administratif Bd. 1 (5. Aufl. 1970), S. 428 Nr. 750 ff.
Auch die italienische Regelung der konkreten Normenkontrolle beruht in Ausführung von Art. 134 der Verfassung („controversie", vgl. Art. 126 GG) primär darauf, daß *eine Partei* im Ausgangsverfahren die Frage der Verfassungswidrigkeit eines Gesetzes aufwirft, Art. 1 Legge Costituzionale 9 Febbraio 1948 n. 1, Art. 23 I Legge 11 Marzo 1953 n. 87 (deutsche Übersetzung in JöR 6, 1957, S. 25 ff.).

[280] Oben III 1 ba), während der EuGH die Entscheidungserheblichkeit nicht überprüft, oben III 1 bb).

[281] Nicht muß! Dazu oben III 2 bc).

[282] Oben III 1 bb), vgl. EuGH 8, 1027 (1042 f.); 10, 1307 (1309 f.); 11, 1267 (1275; 1280: Generalanwalt); 14, 296 (297); *Tomuschat* (zit. Fn. 95) S. 116 ff.; *Schumann* ZZP 78, 109, 119; *Zuleeg* (zit. Fn. 95) S. 360 f., 367 f.; *Ule* (zit. Fn. 139) S. 111, 113. Demgegenüber in wörtlicher Auslegung des Art. 177 III EWGV für eine stärkere Bindung an die Parteianträge *Steindorff* Rechtsschutz und Verfahren im Recht der Europäischen Gemeinschaften (1964), S. 83 ff.

5. aa) Art. 177 III EWGV: acte-clair-Doktrin

gegen die Gültigkeit einer sekundären Gemeinschaftsnorm zur Vorlage zwingen, wenn diese nicht zu einem Mittel der Prozeßverschleppung werden und zur sinnlosen Überlastung des Europäischen Gerichtshofs führen soll[283]. Um abwegige Vorlagen auszuschalten, haben französische Autoren und Gerichte die Übernahme der *acte-clair*-Doktrin vorgeschlagen, wonach die Vorlage unterbleibt, wenn ein Text völlig klar ist[284]. Aber wann ist er völlig klar? Das ist theoretisch nicht festzulegen, da die Feststellung der Klarheit die Auslegung, ja oft die Subsumtion voraussetzt[285], und praktisch schwer einzugrenzen, da der einzelstaatliche Richter spezifisch europarechtliche Probleme oft nicht sehen, die Auffassung der Gerichte und der Literatur in den anderen Mitgliedstaaten oft nicht kennen wird[286]. Deshalb gilt es, die Theorie des *acte clair* zu präzisieren und auf wirklich offenkundige Fälle des Konsenses in Rechtsprechung und Lehre sowie auf ein Verbot rechtsmißbräuchlicher Prozeßverschleppung zu beschränken[287]. Hier verpflichten also schon Zweifel zur Vorlage, wie sie vielfach — aber nach der hier versuchten Funktionsbestimmung zu Unrecht — für die verfassungsgerichtlichen Zweifelsvorlagen als genügend betrachtet werden[288]. Aber auch eine so weite Umschreibung der Vorlagepflicht erlaubt nicht, völlig auf die Meinung der Prozeßparteien abzustellen.

ab) Umgekehrt darf, entgegen dem Text der Verträge, der *Richter* auch zur Vorlage schreiten, wenn er *selbst Zweifel* hat, die Parteien aber

---

[283] *Tomuschat* a.a.O. S. 117 ff.; *Wagner* Grundbegriffe des Beschlußrechts der Europäischen Gemeinschaften (1965), S. 331; *Zuleeg* a.a.O. S. 362 f.

[284] Dazu allgemein *Waline* Droit administratif (9. Aufl. 1963), S. 70 Nr. 106; zur Auseinandersetzung um die Anwendbarkeit bei der Vorabentscheidung neben den in den beiden letzten Fn. Zitierten *Schober* NJW 1966, 2252 f.; *Daig* EuR 1968, 285 ff.; *Dumon* (zit. Fn. 95) S. 356 f. Nr. 989 ff.; *Gaudet* (zit. Fn. 275) S. 215 ff.; *Falconetti* in: Perspectivas de Derecho Publico, Homenaje (Gedächtnisschrift) *Sayagues-Laso* Bd. II (1969), S. 525 (536 ff.); *Basse* (zit. Fn. 95) S. 523 ff.; speziell zur neueren französischen Anwendung *Fromont* EuR 1970, 48 (54 f.); zu ähnlichen Tendenzen des deutschen BFH *Rahn* AWD 1969, 341 (343 ff.). — Auch die oben Fn. 279 zitierte italienische Regelung der Normenkontrollvorlage schließt die Vorlage aus, wenn die Vorlagefrage „manifestamente infondata" ist (Art. 23 II).

[285] So *Dumon* a.a.O. S. 354 f. Nr. 986.

[286] *Dumon* a.a.O. S. 357 Nr. 991; *Daig* EuR 1968, 287 und insb. *Steindorff* (zit. Fn. 282) S. 84 ff.; vgl. die Nachweise nur scheinbar klarer Fälle bei *Daig* S. 288 f.; *Zuleeg* S. 363 Fn. 126; *Tomuschat* S. 118 f. Fn. 440.

[287] Eine nähere Umschreibung versuchen insb. *Tomuschat* a.a.O. S. 121 ff.; *Schumann* ZZP 78, 108 ff.; *Daig* EuR 1968, 287 f.; *Zuleeg* a.a.O. S. 365 f.

[288] Die in der letzten Fn. erwähnten Umschreibungsversuche ähneln alle den oben 4 a) bei und in Fn. 226 - 230 für Art. 100 II GG, § 86 II BVerfGG referierten. BVerfG NJW 1970, 2155 rechtfertigt jedoch — in merkwürdigem Gegensatz zu E. 23, 288 (315 ff.), dazu oben Fn. 282 — die Nichtvorlage damit, „daß das Gericht (!) . . . nicht im Zweifel war", obwohl sich das Gericht die Frage einer Vorlage nicht einmal ausdrücklich gestellt hatte! Das ist nur aus der Beschränkung der Kognition des BVerfG zu erklären.

keine Zweifel äußern, ja von einer Vorlage absehen wollen[289]. Dies gilt jedenfalls für die Normenkontrollvorlage wegen Zweifeln über die Gültigkeit sekundärer Gemeinschaftsnormen: Der in Art. 177 III EWGV, Art. 150 III EAGV, Art. 41 EGKSV genannte Richter hat keine Verwerfungskompetenz gegenüber sekundärem Gemeinschaftsrecht und muß daher unabhängig vom Parteiwillen die Vorabentscheidung einholen, wenn er die Gültigkeit verneinen will und ebenso, wenn er ernstlich daran zweifelt[290]. Aber auch für die Vorlage in Auslegungsfragen wird aus der Tatsache, daß das Gericht und nicht die Partei den Europäischen Gerichtshof anruft, auf die Maßgeblichkeit der Zweifel des Gerichts geschlossen[291].

b) Bloßes Vorlagerecht nach Art. 177 II EWGV

Die einzelstaatlichen Gerichte, deren Entscheidungen im Rechtsmittelzug überprüft werden können, sind für den Vorrang der Auslegung des Gemeinschaftsrechts durch den Europäischen Gerichtshof von geringerer Bedeutung. Deshalb sind sie nach der differenzierenden Regelung der Römer Verträge[292] zur *Vorlage nur berechtigt, nicht verpflichtet:* Die Vorlage hängt, ähnlich wie die Zweifelsvorlage nach Art. 100 II GG, § 86 II BVerfGG, davon ab, ob sie für die gerichtliche Entscheidung „erforderlich" ist. Das Gericht kann nach dem Wortlaut der Bestimmungen frei darüber befinden[293], erhält jedoch aus deren Funktion und durch den Grundsatz der Prozeßökonomie klare Richtlinien[294], anders als die Senate der obersten Gerichtshöfe des Bundes für die Handhabung der Grundsatzvorlage[295]. So kann das Gericht zwar hier ohne weiteres Parteianträge auf Vorlage ablehnen[296]. Die Vorlage wird aber regelmäßig erforderlich sein, wenn es die Gültigkeit sekundären Gemeinschaftsrechts

---

[289] So *Tomuschat* a.a.O. S. 70 f., 120; *Schumann* ZZP 78, 109; *Ule* DVBl. 1967, 1 (8); *Zuleeg* a.a.O. S. 360.

[290] *Steindorff* (zit. Fn. 282) S. 83; *Schumann* ZZP 78, 119, 120; *Ehle* (zit. Fn. 95), zu Art. 177 EWGV Rdnr. 57; *Basse* (zit. Fn. 95) S. 258 f.

[291] *Schumann* ZZP 78, 109; *Paetow* MDR 1967, 448; *Zuleeg* a.a.O. S. 361, 367.

[292] Art. 177 II EWGV, Art. 150 II EAGV, denen Art. 41 EGKSV insoweit nicht entspricht, so daß hier die Verwerfungs- (und, in den erwähnten Grenzen, auch die Prüfungs-)kompetenz beim EuGH konzentriert ist, vgl. *Schumann* ZZP 78, 119 ff.

[293] So anscheinend *Dumon* (zit. Fn. 95) S. 358 Nr. 994; auch *Steindorff* (zit. Fn. 282) S. 81 spricht von „Ermessensbefugnissen"; ähnlich *Ehle* (zit. Fn. 95), zu Art. 177 EWGV Rdnr. 41; vgl. auch EuGH 9, 63 (80): „Befugnis".

[294] Hinweise etwa bei *Daig* EuR 1968, 266; *Steindorff* (zit. Fn. 282) S. 82.

[295] Oben 1 ac); die Frage einer Grundgesetzwidrigkeit der Verträge über die Gründung der Gemeinschaften stellt sich daher nicht.

[296] *Tomuschat* a.a.O. S. 116; *Ehle* a.a.O. zu Art. 177 EWGV Rdnr. 38.

5. b) Art. 177 II EWGV: bloßes Vorlagerecht

erstmals verneinen will[297] oder, ähnlich wie bei der Zulassung der Sprungrevision[298], wenn bei völliger Klarheit der Sach- und Rechtslage einzig die Frage der Auslegung europarechtlicher Normen ernstlich zweifelhaft ist[299]. Darüber hinaus jedoch ist keine Vorlagepflicht nötig, um die einheitliche Auslegung des Gemeinschaftsrechts zu sichern, zumindest wenn Art. 177 III EWGV und Art. 150 III EAGV mit der jedenfalls in Deutschland herrschenden Lehre[300] und einer Äußerung des Europäischen Gerichtshofs[301] im Sinne der konkreten Theorie ausgelegt werden: Wenn jedes Gericht immer dann der Vorlage*pflicht* unterliegt, wenn seine Entscheidung des konkreten Falles nicht mehr mit einem (ordentlichen) Rechtsmittel des einzelstaatlichen Rechts angefochten werden kann[302]. Dann erweist sich neben der Vorlage des bloß vorlageberechtigten Gerichts als echter Zweifelsvorlage die Vorlage des dazu verpflichteten Gerichts vom deutschen Recht her gesehen als Sonderfall, nämlich als Ersatz für den fehlenden Rechtsmittelzug zum Europäischen Gerichtshof, so daß der Zweifel, der die Vorlage bewirkt, hier auch im Dienst des Schutzes subjektiver Rechte steht[303].

---

[297] *Schumann* ZZP 78, 120 („nobile officium"); *Ehle* a.a.O. zu Art. 177 EWGV Rdnr. 38, 42; *Daig* EuR 1968, 266; eingehend *Constantinesco* AWD 1967, 125 ff. Dagegen genügen Gültigkeitszweifel nur, wenn das erkennende Gericht sie für so schwerwiegend hält, daß ihm deswegen die Vorlage erforderlich scheint, vgl. die viel kritisierte Entscheidung FG Nürnberg EFG 1963, 311 f.; dazu *Nicolaysen* NJW 1963, 2214 f.

[298] § 134 I VwGO; dazu *Maetzel* MDR 1966, 93; ähnlich § 161 I i. V. m. § 150 Nr. 1 SGG.

[299] *Steindorff* a.a.O. S. 82; *Ehle* a.a.O. zu Art. 177 EWGV Rdnr. 44; *Daig* EuR 1968, 266.

[300] Umfassende Nachweise bis 1963 bei *Tomuschat* a.a.O. S. 43 f. Fn. 163, der selbst (S. 42 ff.) die abstrakte Theorie vertritt, aber sie entscheidend einschränkt; ähnlich *Ule* DVBl. 1967, 6; für die abstrakte Theorie ferner *Dumon* a.a.O. S. 353 f. Nr. 981; dagegen im Sinn der konkreten Theorie *Schumann* ZZP 78, 102 f.; *Ehle* a.a.O. zu Art. 177 EWGV Rdnr. 49; *Basse* (zit. Fn. 95) S. 211 (m. w .Nachw.); *Paetow* MDR 1967, 447; *Daig* EuR 1968, 372 f.; weitere Nachweise bei *Zuleeg* (zit. Fn. 95), S. 350 Fn. 46.

[301] EuGH 10, 1251 (1268), freilich *obiter dictu*.

[302] Zur Abgrenzung der dabei in Betracht kommenden Rechtsmittel im einzelnen *Tomuschat* a.a.O. S. 48 ff.; *Schumann* ZZP 78, 103; *Basse* a.a.O. S. 212; *Ule* DVBl. 1967, 6 f.

[303] Vgl. die Andeutung des Generalanwalts in EuGH 10, 1 (47) und die Entwicklung von der vorsichtigen Beschränkung des Gemeinschaftszwecks, EuGH 8, 961 (995 f.: Generalanwalt), zum offenen Bekenntnis zum Grundrechtsschutz im Weg der Vorabentscheidung, EuGH 15, 419 (424 f., 428: Generalanwalt); zur Bedeutung dieses Urteils *Ipsen* Verfassungsperspektiven der Europäischen Gemeinschaften (1970), S. 21 ff., insb. 24 f.; *Ehlermann* EuR 1970, 41 ff. Zur Rechtsschutzfunktion der Vorabentscheidung (vgl. oben Fn. 46) generell *Ehle* a.a.O. zu Art. 177 EWGV Rdnr. 5; *Daig* EuR 1968, 263 und die Verhandlungen des 46. DJT (zit. Fn. 276) schon in der Fragestellung, vgl. insb. Nr. 4 der Entschließung, Bd. II S. G 167.

V. Ergebnisse

Ein Vergleich aller hier untersuchten Erscheinungsformen erweist den Zweifel des erkennenden Gerichts bei der Rechtsauslegung und Rechtsanwendung als Ungewißheit, über die im Kern nur es selbst befinden kann. Ob Raum zu Zweifeln besteht, ist zwar bei allen Vorlageverfahren bis zu einem bestimmten Grad nachprüfbar; ob das Gericht über die Zweifel hinweggehen und durchentscheiden darf, entzieht sich stärker der Kontrolle. Der Spielraum des erkennenden Gerichts läßt sich dabei bis zur Ermessensfreiheit ausdehnen oder soweit einengen, daß ein Rechtsbehelf der Parteien gegen eine unterlassene Vorlage in Betracht kommt. Jene Ausdehnung, die bei den Voraussetzungen der Grundsatzvorlage an die Großen Senate erfolgt ist, verstößt gegen die Garantie des gesetzlichen Richters (oben IV 1). Nach der Einengung, die die Zweifelsvorlage der Grundsatzrevision mit Nichtzulassungsbeschwerde annähern würde, besteht kein legitimes Bedürfnis, wenn die Zweifelsvorlage ihre Funktion behalten soll: Sie soll — wenn auch in den verschiedenen Fällen mit unterschiedlicher Gewichtung — sowohl zur Rechtsfortbildung, als zur Anleitung der unteren Gerichte, als auch zur Konzentration der Entscheidung bestimmter Rechtsfragen bei hohen Gerichten führen; also einer typisch höchstrichterlichen Funktion dienen: der Sicherung der Einheitlichkeit von Auslegung und Anwendung des Rechts. Aber die andere höchstrichterliche Aufgabe, der Schutz subjektiver Rechte, widerspricht dem Wesen der Zweifelsvorlage und bricht höchstens dort in Ansätzen durch, wo, wie im Europarecht, der Rechtsmittelzug nur künstlich durch die Trennung der Gerichtsbarkeiten vermieden ist.

Für das deutsche Recht fragt sich, ob die Trennung zwischen Bundesverfassungsgericht und übrigen Gerichtsbarkeiten ebenso künstlich ist und durch die Verfassungsbeschwerde gegen unterlassene Zweifelsvorlagen aufgehoben werden kann. Diese Möglichkeit könnte dort sinnvoll sein, wo sie zugleich objektives Verfassungsrecht schützt: wo sich die Verfassungsbeschwerde als Rechtssatzverfassungsbeschwerde gegen Grundrechtsverstöße richtet, die in der falschen oder unterlassenen Anwendung von allgemeinem, durch Art. 25 GG zu Bundesrecht gewordenem Völkerrecht, oder in der falschen Qualifikation vorkonstitutionellen Rechts bestehen. Hier ist der zusätzliche Verfassungsrechtsschutz die Gewähr dafür, daß das Bundesverfassungsgericht tatsächlich in die Lage kommt, zweifelhafte Fragen der Normverifikation und Normqualifika-

V. Ergebnisse

tion zu entscheiden. Wird dagegen die Verfassungsbeschwerde gegen eine unterlassene Vorlage auf Art. 101 I 2 GG gestützt, so verändert sie die Natur der Zweifelsvorlage, indem sie dem erkennenden Gericht die Beurteilung der Zweifelhaftigkeit entzieht. Hier wirkt die Verfassungsbeschwerde als „Superrevision", das Bundesverfassungsgericht als Rechtsmittelinstanz.

Das widerspricht der Funktion der Zweifelsvorlagen: Sie sind dort und nur dort angebracht, wo trotz der Notwendigkeit, die Rechtsprechungseinheit besonders wirksam zu sichern, der Rechtsmittelzug nicht verlängert werden soll — weil er ohnehin schon lang genug ist, weil Eile geboten ist oder weil die Gerichte entlastet werden sollen. Ob diese Motive durchschlagen, mag in manchen Fällen fragwürdig sein. Aber die Garantie des gesetzlichen Richters ist kaum geeignet, solche gesetzgeberischen Entscheidungen zu korrigieren.

VI. Thesen

1. Daß sich das erkennende Gericht in einer zweifelhaften Rechtsfrage der Entscheidung enthält und die Entscheidung einer anderen Instanz einholt, ist eine alte Erscheinung des Gerichtsverfassungs- und Prozeßrechts. Sie widerspricht dem liberalen Verständnis dieser Rechtsgebiete und wurde daher im Liberalismus zurückgedrängt (I 1).

2. Vorlagen des zweifelnden Gerichts entstanden neu in der Form der neben die Divergenzvorlage tretenden Grundsatzvorlage, zuerst in Spezialgesetzen, dann zur Begründung der Zuständigkeit des Großen Senats beim Reichsgericht. Daran schlossen sich nach 1945 Vorlagen des zweifelnden Richters vor allem in der Verfassungsgerichtsbarkeit und im Recht der Europäischen Gemeinschaften (I 2 - 7).

3. Im Unterschied zu den Divergenz- und den Normenkontrollvorlagen soll durch Vorlagen des zweifelnden Gerichts nicht eine bestimmte Abweichung herbeigeführt, sondern eine zweifelhafte Rechtsfrage geklärt werden. Die Grundsatzvorlage kann zwar daneben auch die Festlegung einer bestimmten Rechtsprechung bezwecken. Da aber schon die Abweichung von einer Entscheidung eines vorlageberechtigten Spruchkörpers zur Divergenzvorlage verpflichtet, bewirkt die Grundsatzvorlage eine zusätzliche Bindung nur für den vorlegenden Spruchkörper. Damit erweist sie sich primär als Zweifelsvorlage (II 1).

4. Die Zweifelsvorlage unterscheidet sich von der Grundsatzrevision, da der die Grundsatzrevision zulassende Richter eine bestimmte Entscheidung fällt und die Devolution an ein oberes Gericht dem Parteiwillen überläßt (II 2).

5. Die Zweifelsvorlage unterscheidet sich (jedenfalls nach deutschem Recht) von der Aussetzung eines Rechtsstreits durch den zweifelnden Richter wegen eines präjudiziellen anderweitig anhängigen Verfahrens (§ 148 ZPO usw.), da deren Zweck die einheitliche Beurteilung zusammenhängender Rechtsverhältnisse, nicht die Klärung einer Frage des objektiven Rechts, und da sie Maßnahme der richterlichen Prozeßleitung, nicht der gerichtsverfassungsrechtlichen Zuständigkeitsverschiebung ist (II 3).

6. Die durch eine Zweifelsvorlage unterbreiteten Rechtsfragen müssen, da sie aus Anlaß und zur Entscheidung eines Einzelfalls ergehen, für

VI. Thesen

dessen Entscheidung erheblich sein. Anders verhält es sich nur bei den staatsanwaltschaftlichen Vorlagen nach § 27 II DAG und nach der (problematischen) Restriktion der Prüfungskompetenz durch den Europäischen Gerichtshof bei der Vorabentscheidung (III 1).

7. Die Abweichung von verfassungsgerichtlichen Entscheidungen, die Fragen der Altrechtsqualifikation oder der Völkerrechtsverifikation klären, ist nur auf erneute Vorlage und insoweit möglich, als Veränderungen der sozialen Wirklichkeit den Gehalt der zu prüfenden Norm wesentlich verändert haben (III 2 a).

8. Die auf eine Grundsatzvorlage hin ergehende Entscheidung bindet (außer im Fall des § 18 IV WBO) über den Fall hinaus alle vorlageberechtigten Gerichte indirekt („negativ"), da eine Abweichung von der Grundsatzentscheidung nur auf Grund einer erneuten Vorlage möglich ist (III 2 b, c).

9. Die Grundsatzvorlagen an die Großen Senate und nach § 18 IV WBO knüpfen mit den Voraussetzungen der grundsätzlichen Bedeutung der Rechtsfrage und wohl auch der Erforderlichkeit zur Fortbildung des Rechts oder zur Sicherung einer einheitlichen Rechtsprechung an Rechtsbegriffe an. Dem vorlegenden Gericht bleibt ein Beurteilungsspielraum. Die Vorlagen liegen außerdem in seinem Ermessen. Es hat über die Vorlage nach Zweckmäßigkeit, nicht nach rechtlichen Kriterien zu entscheiden, und ist damit zu freier Zuständigkeitsverschiebung ermächtigt. Die dazu ermächtigenden Normen verstoßen gegen die Garantie des gesetzlichen Richters. Sie sind daher verfassungswidrig und nichtig (IV 1).

10. Das Vorlagerecht des zweifelnden Oberlandesgerichts nach § 27 I DAG und des Landgerichts nach § 47 MSchG, Art. III 3. MietRÄndG ist zugleich eine an bestimmte gesetzliche, gerichtlich (unter Respektierung eines Beurteilungsspielraums) nachprüfbare Voraussetzungen geknüpfte Vorlagepflicht und daher verfassungsmäßig. Die Vorlagepflicht des Gerichts ist jedoch durch keinen Anspruch des Auszuliefernden bzw. der Parteien auf die Vorlage sanktioniert (IV 2 a, 3).

11. Das Vorlagerecht der Staatsanwaltschaft nach § 27 II DAG verstößt jedenfalls innerhalb eines beim Oberlandesgericht anhängigen Verfahrens gegen die Garantie des gesetzlichen Richters. § 27 II DAG muß daher einschränkend dahin ausgelegt (bzw. soweit als nichtig angesehen) werden, daß während eines anhängigen gerichtlichen Verfahrens die Staatsanwaltschaft die Vorlage nur anregen, nicht beanspruchen kann (IV 2 b).

12. Ob eine Frage der Altrechtsqualifikation „streitig" bzw. eine Frage der Völkerrechtsverifikation „zweifelhaft" ist, ist eine für das

Bundesverfassungsgericht grundsätzlich nachprüfbare Rechtsfrage (IV 4 a).

13. Als „streitig" im Sinn des § 86 II BVerfGG wurde die Frage, ob ein vorkonstitutioneller Rechtssatz als Bundesrecht fortgilt, in der herrschenden Rechtsprechung nur betrachtet, wenn das erkennende Gericht sie bei der Abwägung der dafür und dagegen sprechenden Gesichtspunkte für ernstlich zweifelhaft hielt (BVerfGE 4, 369 f.). Daran ist trotz erheblichen Einwänden festzuhalten (IV 4 b).

14. „Zweifel" im Sinn des Art. 100 II GG liegen vor, wenn das erkennende Gericht die Frage, ob eine Regel des Völkerrechts Bestandteil des Bundesrechts ist und ob sie Rechte und Pflichten für den einzelnen erzeugt, auf Grund seiner Rechtskenntnisse und der ihm zur Verfügung stehenden Hilfsmittel nicht eindeutig beantworten kann (IV 4 cc).

15. Gegen eine unterlassene Zweifelsvorlage in der Verfassungsgerichtsbarkeit kommt in der Regel die Verfassungsbeschwerde, gestützt auf Grundrechte (insb. Art. 2 I GG), im Fall des Art. 100 II GG in Verbindung mit Art. 25 GG; nicht aber gestützt auf Art. 101 I 2 GG in Betracht (IV 4 cd).

16. Die Vorlage zur Vorabentscheidung durch ein einzelstaatliches Gericht, dessen Entscheidungen nicht mehr mit Rechtsmitteln des innerstaatlichen Rechts angefochten werden können (Art. 177 III EWGV), ist (außer im Fall der beabsichtigten Abweichung von einer früheren Entscheidung des Europäischen Gerichtshofs oder wenn das Gericht die Gültigkeit von Handlungen der Organe der Gemeinschaft verneinen will) dann und nur dann erforderlich, wenn das Gericht die Auslegungs- oder Gültigkeitsfrage für zweifelhaft hält. Dabei hat es schon bei sehr geringer Intensität der Zweifel vorzulegen, obwohl (und weil) seine Beurteilung weder auf Vorlage, noch im Fall der unterlassenen Vorlage der Überprüfung durch den Europäischen Gerichtshof unterliegt (IV 5 a).

17. Andere einzelstaatliche Gerichte sind zur Vorlage an den Europäischen Gerichtshof (i. d. R. nur) im Fall eigener (unüberwindlicher) Zweifel berechtigt. Auch hier kann der Europäische Gerichtshof die Beurteilung der Zweifelhaftigkeit weder im Fall der Vorlage noch im Fall der unterlassenen Vorlage überprüfen; wohl aber stehen gegen unterlassene Vorlagen die innerstaatlichen Rechtsmittel zur Verfügung (IV 5 b).

Printed by Libri Plureos GmbH
in Hamburg, Germany